1 MONTH OF
FREE
READING

at
www.ForgottenBooks.com

By purchasing this book you are eligible for one month membership to ForgottenBooks.com, giving you unlimited access to our entire collection of over 1,000,000 titles via our web site and mobile apps.

To claim your free month visit:
www.forgottenbooks.com/free634221

ISBN 978-0-656-30578-0
PIBN 10634221

Sozialdemokratische Arbeiterpartei Deutschösterreichs
  Bericht der Parteivertretung an den Parteitag
    1905

Bericht

der

Gesamtparteivertretung

und des

Verbandes der sozialdemokratischen Abgeordneten

an den

Gesamtparteitag

der

sozialdemokratischen Arbeiterpartei in Oesterreich

in

==== Wien 1905. ====

Verlag von Ferdinand Skaret.

Druck- und Verlagsanstalt „Vorwärts" Swoboda & Co., Wien VI.

Bericht

der

Gesamtparteivertretung

und des

Verbandes der sozialdemokratischen Abgeordneten

an den

Gesamtparteitag

der

sozialdemokratischen Arbeiterpartei in Oesterreich

in

Wien 1905.

Verlag von Ferdinand Skaret.

Druck- und Verlagsanstalt „Vorwärts" Swoboda & Co., Wien VI.

JN
1000
3503
1905

Bericht der Gesamtparteivertretung der Sozialdemokratie in Oesterreich an den Parteitag 1905 in Wien.

Auf die Zeit der tiefen Aufwühlung des Staates durch die wilden Explosionen des Nationalismus sind in der gegenwärtigen Berichtsperiode die Jahre der langsamen Zersetzung Oesterreichs gefolgt. Zerfall und Verwesung sind die Kennzeichen der politischen Geschichte der letzten zwei Jahre. War der Inhalt der bürgerlich=nationalen Forderungen schon vorher minderwertig, so ist der Streit nun vollends ins Kleinliche ausgeartet. Je weniger aber das Wesen des nationalen Kampfes der bürgerlichen Parteien in die Tiefe geht, je unersprießlicher er somit ist, um so allgemeiner wird die Kampfmüdigkeit und um so weiter entfernt sich die offizielle Politik von der ernsten Behandlung der Nationalitätenfrage, von dem Ziele der Befreiung und Erhebung der einzelnen Völker, und verflacht immer mehr zu einer niedrigen Portefeuille= und Stellenstreberei einzelner bürgerlicher Wortführer. Aber andererseits fordern die, durch die frivole chauvinistische Treiberei gerufenen Geister ihr Recht und der Boden wankt unter den bürgerlichen Parteien. Auch der drohende Mandatsverlust treibt sie immer lebhafter, sich rechtzeitig auf das sichere Land eines wohlbestallten Amtes zu retten, und die genasführten Völker werden mit Scheinerfolgen oder mit ins wahnsinnige übertriebenen nationalen Hetzen abgespeist. Einer dieser Scheinerfolge war der Sturz des Ministeriums Koerber, der die Rache dafür sein sollte, daß keine der nationalen Parteien auch nur den Hauch einer positiven Errungenschaft zu verzeichnen hatte, der aber objektiv die notwendige Folge einer Politik sein mußte, die bei vielleicht gutem Willen mit durchaus unzulänglichen Mitteln arbeitete, die bloß an den Erscheinungen und Wirkungen herumkurierte, während sie den tiefen Ursachen dem an den Leib zu rücken ängstlich vermied. An dieser Politik hat Koerbers Sturz gar nichts geändert, ja sein Nachfolger Gautsch, ein ideenloser glatter Höfling, ohne Richtung und Programm, versteht es nicht einmal, die üblich gewordenen Komplimente an politischen Fortschritt und soziale Fürsorge in halbwegs glaubwürdiger Form vorzubringen, geschweige denn, daß die Nichtigkeit seiner Persönlichkeit imstande wäre, für die Unfruchtbarkeit seiner Politik durch positive Reformen auf dem Gebiete der Verwaltung oder auch nur durch Programme auf sozialem Felde wenigstens teilweise zu entschädigen.

Dieses völlig rücksichtslose Ministerium vermag sich denn auch nur durch Hinhalten der Parteien aufrecht zu halten. Der leiseste Versuch eines positiven Eingriffs, um diese oder jene nationale Forderung zu befriedigen, erzeugt sofort Mißtrauen, Verstimmung und Unruhe auf der anderen Seite und so sind alle die zahllosen Detailfragen, aus denen sich der nationale Streit der bürgerlichen Parteien zusammensetzt, bis heute ungelöst geblieben. Weder die innere Amtssprache in Böhmen, noch die Errichtung einer tschechischen Universität in Mähren, weder die Troppauer Parallelklassen, noch die italienische Universität haben eine Erledigung gefunden, und selbst Fragen, die scheinbar weitab vom nationalen Kriegsschauplatz liegen, wie Verstaatlichung der Privatbahnen, Neuorganisation der Eisenbahnverwaltung und dergleichen, müssen ungelöst bleiben, so enorm auch der volkswirtschaftliche Schaden ist, den ihre Nichterledigung dem Staate zufügt, weil die Nichtbereinigung der nationalen Angelegenheiten alle öffentlichen Dinge auf den

Kopf stellt, alle Fragen verzerrt, allen Bedürfnissen ihren natürlichen Inhalt nimmt und durch einen falschen verdrehten und widersinnigen ersetzt.

Aber mag auch die geschichtliche Logik dieser Zustände zu den furcht= barsten Wirrnissen führen, mag es zu Straßenkämpfen und Revolverschüssen, zu Häuserdemolierungen und Bajonettangriffen kommen, mögen zu der heillosen Verworrenheit unserer inneren Verhältnisse auch Mißhelligkeiten und Ver= wicklungen in der äußeren Politik treten, mag das ganze Staatswesen in die Auflösung gewaltsam hineingetrieben werden, keiner von jenen berufenen Hof= und Adelspolitikern wird sich zu dem einzigen, freilich radikalen, aber auch allein wirksamen Ausweg entschließen, der Einführung der nationalen Autonomie und des allgemeinen, gleichen Wahlrechts. Es mag freilich hart sein für die erbgesessenen Hüter des alten Oesterreich, einsehen zu müssen, daß das einzige Mittel, um Oesterreich überhaupt zu retten, die Zer= schlagung dieses alten, morschen, lebensunfähigen Kronländerungeheuers und die Neuaufrichtung des Staates auf der Grundlage des freien Selbstbestimmungs= rechtes der Völker ist, und gewiß ist, daß bei dieser Umkrempelung eine Menge verrosteter Privilegien völlig verschwinden werden; aber es ist eben auch nicht mehr möglich, über die so lebendig und stark gewordenen freiheitlichen Ent= wicklungsbestrebungen der Völker zur Tagesordnung hinwegzugehen. Sie drängen sich immer unaufhaltsamer an das Licht, und eine vernünftige Politik muß mit ihnen, kann nicht ohne sie, am allerwenigsten aber gegen sie operieren. Das nationale Programm der Sozialdemokratie gewinnt denn auch immer mehr an Boden und Verständnis selbst unter den vorgeschrittenen bürgerlichen Parteien. Das Ministerium Gautsch freilich, dieser untertänige Lakai höfischer Interessen, sucht den drohenden Zusammenbruch durch Aus= teilung einiger Minister= und Sektionschefstellen zu beschwören, den energischen Willen der breiten Volksmassen aber nach seinem obersten politischen Recht durch tückische Winkelzüge im Kron= und Ministerrate zu durchkreuzen. War somit die Aufgabe der österreichischen Sozialdemokratie aller Zungen in den verflossenen Jahren, unermüdlich und beharrlich die Mahnung zur Einführung der nationalen Autonomie ertönen zu lassen, so wird sie sich in der nächsten Zeit zum energischen Kampf für das von Hof und Feudaladel verweigerte all= gemeine und gleiche Wahlrecht rüsten müssen. Ihre Stellung bleibt in allen Fällen durch ihr Programm und durch die Tatsachen klar bestimmt.

Die Aufgabe der Sozialdemokratie mußte vorläufig darauf beschränkt bleiben, zu den einzelnen Vorkommnissen Stellung zu nehmen und den Leitern dieses Rackers von Staat mit unerbittlicher Deutlichkeit, von Fall zu Fall, in Versammlungen und durch die Presse zum Bewußtsein zu bringen, daß die Arbeiter dieses korrumpierenden Kuhhandels mit den bürgerlichen Parteien müde sind, daß sie auf der Verwirklichung ihrer politischen Forderungen beharren, oder aber daß sie von der Fäulnis des österreichischen Sumpfes befreit werden wollen.

Bevor wir in Einzelheiten unserer Kämpfe eingehen, wollen wir unsere Dankesschuld an jene Genossen abtragen, die der Tod in diesen zwei Jahren aus unseren Reihen gerissen. Leider können wir nicht alle unsere verstorbenen Mitkämpfer hier namentlich anführen und müssen uns daher mit der Er= innerung an diejenigen begnügen, die über ihren engeren Wirkungskreis hinaus bekannt geworden sind. So starb nach langem Leiden und Siechtum am 27. Juli 1904 Genosse Anton Grablovic, einer der tüchtigsten Agitatoren und Organisatoren der slovenischen Bergarbeitern. Am 30. November 1904 schied unser wackerer polnischer Genosse Witold Reger, der durch seine furchtlosen Kämpfe gegen die galizische Soldateska und speziell gegen das Regime Galgotzy bekannt geworden, nach einem langen Krankenlager aus dem Leben. Am 12. Oktober 1904 verloren wir unseren Josef Scheu, den Schöpfer des Proletariarliedes, den Sänger des Liedes der Arbeit und so vieler Gesänge, die Freud und Leid, Liebe und Zorn des Arbeiters ergreifend aussprechen. Scheu war aber nicht nur Künstler, sondern auch der unermüdliche und erfolgreiche Organisator, dessen Verdienst die große Organisation der

überall auf dem Vormarsche begriffen ist. Wenn es auch mit unseren Organi=
sationen in einzelnen Wahlkreisen noch immer nicht auf das beste bestellt ist,
wenn auch die politischen Organisationen, insbesondere die Straßen= und
Häuserorganisation, noch viel zu wünschen übrig lassen, so können wir dennoch
konstatieren, daß gerade in den letzten beiden Jahren unstreitig sehr viel nach=
geholt worden ist. Mit der politischen untrennbar verbunden, hat auch die
gewerkschaftliche Organisation seit dem letzten Gewerkschaftskongresse (8. bis
12. Juni 1903) sehr bedeutende Fortschritte aufzuweisen. Große erfolgreiche Lohn=
kämpfe wurden in den letzten Jahren von den einzelnen Berufsgruppen ge=
führt und Aussperrungen, die von Unternehmerorganisationen zur Vernichtung
des Koalitionsrechtes der Arbeiter inszeniert wurden, sind mit vollem Erfolge
und sehr zum Nachteile diverser Scharfmacher abgewehrt worden.

Die Konsumentenorganisation beginnt immer mehr und
mehr die Aufmerksamkeit unserer Parteigenossen auf sich zu lenken und ist es
gewiß eine sehr erfreuliche Tatsache, wenn auf dem im September d. J. statt=
gefundenen Verbandstage der Konsumvereine berichtet werden konnte, daß
der „Zentralverband österreichischer Konsumvereine" 347 Konsumvereine und
Produktivgenossenschaften mit zusammen über 100.000 Mitgliedern umfaßt.
Sein Organ, „Der Konsumverein", hat eine Auflage von über 3000 Exem=
plaren.

Neben der Frauenorganisation hat sich auch die Organisation der
jugendlichen Arbeiter nicht nur innerlich gefestigt, sondern sie hat
auch ganz schöne Fortschritte in Bezug auf den Ausbau und die Erweiterung
ihrer Organisation aufzuweisen. Im übrigen verweisen wir auf die ange=
schlossenen Einzelberichte, die ein genaueres Bild über die Tätigkeit unserer
nationalen Organisationen und ihre Erfolge geben.

Trotz der allgemeinen politischen Verlotterung, die uns in diesem Oester=
reich auf Schritt und Tritt entgegentritt und die jedem Arbeiter die Teil=
nahme am politischen und parlamentarischen Leben verekelt, können wir
dennoch auf zwei Jahre schwerer und den Umständen angemessener erfolg=
reicher Tätigkeit zurückblicken. Was die Arbeiterschaft in diesen beiden Jahren
errungen hat, das hat sie ihrer eigenen Kraft, ihrem unbeugsamen
Willen und der Einheitlichkeit ihrer Organisation zu ver=
danken. Von diesem Bewußtsein erfüllt, wird das sozialdemokratisch organisierte
Proletariat aller Zungen den einmal aufgenommenen Kampf weiterführen,
vertrauend auf seine Stärke und festhaltend an der
Geschlossenheit und Einheit der Organisation trotz alle=
dem und alledem!

Für die Gesamtparteivertretung:

Die Sekretäre:

F. Skaret.   **A. Němec.**   **J. Daßzynski.**

Kassabericht der Gesamtparteivertretung für die Zeit vom 1. Juli 1903 bis 30. Juni 1905.

Einnahmen

	K	K	K
Kassabestand:			
deutsche Parteiexekutive bis August 1905	2240·—		804·28
tschechoslaw. „ „ April 1905	920·—		
polnische* „ „ Juni 1903	100·—		
italienische „ „ April 1903	20·—		
slowenische „ à Conto	50·—	3330·—	
Beiträge zum Gesamtparteitag 1903:			
deutsche Parteiexekutive		750·—	
tschechoslaw. „	450·—	420·—	
Beitrag der Eisenbahner	300·—	8·—	
Rückzahlung (Rechtsschutz)			
Saldo am 1. Juli 1903		1508·—	
		177·18	
Totale . .		4685·18*	4685·18

Ausgaben

	K	K	K
Gesamtparteitag 1903			
Subvention dem Triester Sekretariat .	1200·—		2250·—
„ „ slowenischen „	850·—		
„ „ den Ruthenen („Wola")	200·—	2250·—	1083·30
Konferenzen, Parteitage zc.			220·—
Unterstützungen			100·—
Druckforten (italienische Konferenz) .			31·38
Rückzahlung an den Zentralwahlfonds			61·60
Diverse			4·85
Porto, Telegramme zc.			
Kassabestand am 1. Juli 1905 . . .		4555·41	4555·41
		129·77	129·77
Totale . .		4685·18	4685·18

Bilanz am 1. Juli 1905.

Aktiva

	K	K
Restierende Monatsbeiträge der polnischen Parteiexekutive	480·—	500·—
„ „ „ slowenischen „	420·—	63·50
„ „ „ italienischen „	450·—	54·28
Restierender Beitrag zum Gesamtparteitag 1903:		
der polnischen Parteiexekutive	150·—	
„ slowenischen „	50·—	
„ italienischen „	50·—	
Kassabestand am 1. Juli 1905	129·77	129·77
Zusammen . .	1729·77	617·78

Passiva

	K	K
An den Zentralwahlfonds		500·—
Druckereirechnung vom Gesamtparteitag 1903 . .		63·50
Defizit vom Gesamtparteitag 1903		54·28
Zusammen . .		617·78

Kontrolliert am 16. Juli 1905: **Karl Seitz.** **Amalie Seidel.** **Josef Steiner.**

Karl Kořínek, Kassier.

* Die polnische Parteiexekutive zahlte bis September 1905 an restierenden Beiträgen Nr. 125·32.

V. böhmischer Wahlkreis (Teplitz). Gliederung. Der Teplitz-Saazer Wahlkreis umfaßt sieben Bezirksorganisationen, und zwar: Teplitz, Dux, Brüx-Ober-
leutensdorf, Kaaden, Komotau, Weipert und Saaz.

Häuserorganisation. Die Straßen- und Häuserorganisation funktioniert
in Saaz bereits vollständig, in allen anderen Orten ist man mit der Durchführung
derselben beschäftigt. In vielen Orten ist der Wahlkataster vollständig fertig und es ist
bestimmt anzunehmen, daß bis zum Berichte an den im nächsten Jahre stattfindenden
deutschen Parteitag die vollständige Durchführung von überall wird zu melden sein.
Als Form für die Straßen- und Häuserorganisation wurde die Anlegung des Wahl-
katasters nach Wiener Muster gewählt. Die größeren Orte wurden in Bezirke eingeteilt, diese wählen die Gassenvertrauensmänner und endlich werden die Häuser-
vertrauensmänner gewählt. Lokalorganisationen bestehen im Wahlkreise 61, denen laut
uns zugegangenen Berichten 1953 Genossen angehören und ihre Parteibeiträge an
dieselbe leisten. Als Beitrag zur Partei heben die politischen Vereine 20 Heller pro
Monat ein, wovon 10 % an die Reichspartei, 20 % an die Kreisvertretung und
20 % an die Lokalorganisation abgeführt werden; 50 % verbleiben der Bezirksvertretung. Von diesen Beiträgen sollen die Agitations- und Verwaltungskosten bestritten
werden. Bei den ganzen Eingängen aber verbleibt nach Bestreitung der Kosten für
die Administration und die diversen Delegierungen nicht mehr viel für die Agitation
und müssen die Reinerträgnisse von Festveranstaltungen und die Beiträge der Genossen
für den Agitationsfonds die Kosten der Agitation mitbestreiten helfen.

Vereine. Im Kreise bestehen 135 Vereine mit 6679 Mitgliedern. Das Ver-
mögen des Wahlfonds in den einzelnen Organisationen beziffert sich zusammen auf
Kr. 593·36. Politische Vereine bestehen in den Orten: Teplitz, Dux, Oberleutensdorf,
Kaaden, Komotau, Weipert und Saaz, und sind die Vorstände derselben gemäß den
Beschlüssen der Kreisvertretung zugleich die Bezirksvertretung.

Versammlungen. Es wurden 55 politische Vereins-, 1278 gewerkschaftliche
Vereins-, 869 § 2-Versammlungen der Partei, 83 § 2-Versammlungen der Branchenorganisationen und 87 Volksversammlungen abgehalten. Verboten oder aufgelöst
wurde keine davon.

Presse. Die Parteipresse des Wahlkreises besteht aus folgenden Blättern:
„Freiheit", als Kreisorgan, erscheint wöchentlich zweimal bei einer durchschnittlichen
Auflage von 2300 Exemplaren in Teplitz; die „Nordwestböhmische Volkszeitung", als Kopfblatt der „Freiheit", erscheint in Saaz wöchentlich einmal in
einer Auflage von 850 Nummern; der „Glück auf" in Turn hat wöchentlich 3200
Exemplare; „Der Glasarbeiter" in Teplitz erscheint wöchentlich in einer Auflage
von über 3000 Exemplaren. Konfiskationen sind nur sehr wenige zu verzeichnen.

Maifeier. Die Maifeier ist in Teplitz selbst, trotzdem sie auf einen Wochentag
fiel, nicht weniger imposant ausgefallen als in den vorhergegangenen Jahren an
Sonntagen. Auch aus den einzelnen Orten des Kreises liefen überaus erfreuliche Berichte über den glänzenden Verlauf der Maifeier ein. Vormittags fanden Volksversammlungen statt, nachmittags wurden Demonstrationen mit anschließenden Fest-
konzerten veranstaltet. Am Teplitzer Demonstrationszug beteiligten sich zirka 4000
Personen.

Politische Verfolgungen sind keine zu verzeichnen. Nur in Komotau,
wo die Handelsangestellten ein Flugblatt, betitelt: „Offener Brief an den Herrn
Statthalter", herausgaben, wurde, weil man die Verbreiter nicht erwischte, sonderbarer-
weise gegen den Obmann und noch einen Funktionär der Handelsangestelltenorgani-
sation die Strafamtshandlung diesbezüglich eingeleitet. Gegen dieses unerhörte und un-
gesetzliche Vorgehen wurde durch unseren sozialdemokratischen Verband im Abgeordneten-
hause eine Interpellation eingebracht und nun ruht die ganze Angelegenheit

Wahlen. Im Berichtsjahre hat für den Städtewahlbezirk Saaz-Oberleutens-
dorf-Bilin-Postelberg-Görkau die Ersatzwahl des durch den Tod des Dr. Zdenko
Schücker erledigten Reichsratsmandates der III. Kurie stattgefunden. Entgegen dem
Beschlusse der Kreisvertretung in diese Wahl nicht einzugreifen, wurde aber von Saaz
und Bilin gedrängt, doch einen Zählkandidaten aufzustellen. Als solcher wurde Genosse
Selinger nominiert, auf den bei der Wahl 115 Stimmen entfielen. Es kam zur
Stichwahl, wobei der Nationale Dr. Herold gegen den Liberalen Dr. Lechner gewählt
wurde. An den Gemeindewahlen beteiligten sich im Berichtsjahre, soweit Meldungen
hierüber vorliegen, die Genossen in Turn, Praßeditz, Eichwald und Weißkirchlitz und
brachten es gegen die zumeist vereinigte bürgerliche Clique auf nennenswerte Mino-
ritäten.

Sozialdemokraten in der Gemeinde. Sozialdemokratische Gemeindevertreter sitzen im Graupener Gemeinderate (zwei Mann vom III. Wahlkörper) die anderen
sind nur mit ein oder zwei Stimmen gegen die Klerikalen und Fortschrittler in der

Minorität geblieben. Litschkau hat vier sozialdemokratische Vertreter im Gemeinde=
ausschusse im III. Wahlkörper. Tischau bei Teplitz hat sechs und in Pohlanken sind in
allen drei Wahlkörpern Sozialdemokraten mitgewählt.

Besondere Bemerkungen. Im August 1904 wurde darangegangen,
die Vertrauensmänner der Lokalorganisationen, die Funktionäre aller sozialdemo=
kratischen Vereine ohne Unterschied der Branche und der Nation zu regelmäßig alle
zwei Monate stattfindenden Plenarversammlungen, in denen gemeinsame, die Partei
berührende Fragen beraten und beschlossen werden, zusammenzuberufen. Es ist ge=
lungen; diese Versammlungen sind fast von allen Organisationen besucht und tragen
sehr viel zur Hebung der Parteitätigkeit bei. Aus der Plenarversammlung selbst wurde
ein Comité gewählt, dem die Durchführung der Beschlüsse und Erstattung neuer Vor=
schläge an die Plenarversammlung obliegt.

Am 15. Jänner 1905 fand in Turn eine Gewerkschaftskonferenz statt; in
dieser wurde beschlossen, eine Gewerkschaftskommission für den V. böhmischen Wahl=
kreis einzusetzen, und ist diese in der Konferenz auch gewählt worden. Diese Kommission
wird von den beiden Reichsgewerkschaftskommissionen in Wien und Prag, sowie dem
Verband der Porzellanarbeiter in Fischern und der Union der Berg= und Hütten=
arbeiter in Turn subventioniert Die Kommission arbeitet vorzüglich. Die gewerkschaft=
lichen und politischen Organisationen stehen im besten Einvernehmen; zu den
Funktionen in der politischen Organisation werden gewerkschaftlich tätige und umge=
kehrt in den Gewerkschaften politisch tätige Genossen mit herangezogen.

VI. böhmischer Wahlkreis (Aussig=Leitmeritz). Gliederung. Der Sitz der
Wahlkreisleitung ist Aussig. Der Wahlkreis ist in elf Bezirksorganisationen eingeteilt.

Häuserorganisation. Diese den Bedürfnissen der Partei am meisten
entsprechende Organisationsform ist bereits in einer großen Anzahl von Orten durch=
geführt. In 86 Lokalorganisationen sind 3245 Mitglieder vereinigt, die in der Regel
einen Monatsbeitrag von 20 H. leisten. Im Vorjahre zählten wir erst 80 Lokalorgani=
sationen mit 2784 Mitgliedern.

Vereine. In Vereinen und Ortsgruppen nichtpolitischen Charakters sind, wenn
man Doppelzählungen vermeidet, rund 6950 Personen vereinigt.

Versammlungen. In der Berichtszeit wurden 57 Volks=, 125 politische,
1183 anderweitige Vereins=; 1047 § 2=Versammlungen der politischen Partei und 610
§ 2=Versammlungen der Brauchen, also im ganzen 3022 Versammlungen abgehalten.

Presse. Das Parteiorgan des Wahlkreises, das in Aussig zweimal wöchentlich
erscheinende „Volksrecht", hat auch in dieser Berichtsperiode wieder seinen Stand
bedeutend verbessert.

Maifeier. Die Maifeier wurde in der üblichen Weise auch diesmal gefeiert.
Der Maigedanke hat überall feste Wurzel gefaßt.

Politische Verfolgungen. Dreimal ist in der Berichtszeit die heilige
Hermandad gegen unsere Parteigenossen eingeschritten. Ein Parteigenosse erhielt vier
Monate Kerker wegen Majestätsbeleidigung.

Wahlen. Bei den Gewerbegerichts= und bei den Bezirkskranken=
kassenwahlen in Aussig siegte die sozialdemokratische Liste mit erdrückender
Majorität.

Vertretung in den Gemeinden. In 54 Orten besitzen wir 192 Ge=
meindevertreter, davon 166 im III., 20 im II. und 6 in I. Wahlkörper. Auch zwei
Gemeindevorsteher sind Sozialdemokraten.

Besondere Bemerkungen. Auch die Konsumvereinsbewegung
nimmt in den größeren Orten des Wahlkreises, besonders in Aussig einen großen
Aufschwung. In Bodenbach haben sich die Organisationen ein schönes Arbeiter=
heim geschaffen, das auch geschäftlich sehr gut steht. Alles in allem ist der Stand der
Parteibewegung, wenn auch noch viel zu tun übrig bleibt, recht befriedigend. Die
große Mehrheit der Arbeiterschaft denkt sozialdemokratisch und alle Versuche der von
den Unternehmern insgeheim und geheim unterstützten sogenannten „Deutschen Arbeiter=
partei" vermögen daran nichts zu ändern.

VIII. böhmischer Wahlkreis (Reichenberg). Gliederung. Der Wahlkreis ist
in drei Agitationsgebiete, und zwar: Reichenberg mit den Bezirken
Reichenberg, Friedland, Deutsch=Gabel, Warnsdorf mit den Bezirken Rumburg,
Schluckenau und Steinschönau mit den Bezirken Haida und Böhmisch=Kamnitz
geteilt. Die Agitation wird von den Hauptorten Reichenberg, Warnsdorf und Stein=
schönau geleitet. Der Sitz der Kreisvertretung ist Reichenberg.

Häuserorganisation. Die Häuserorganisation ist nur sehr mangelhaft,
in den meisten Orten des Wahlkreises noch gar nicht durchgeführt. Viele Genossen
sehen bisher ihren Wert noch nicht recht ein. Wenn die Genossen über dieses Vor=
urteil hinweggebracht werden, müßte ihre Einführung leichter sein wie irgendwo

anders. Lokalorganisationen bestehen in den 14 Bezirksorganisationen 110 Lokal=
organisationen mit einem Mitgliederstand von zirka 2000. Die Parteibeiträge schwanken
zwischen 10 und 20 H. Vereine. In den Vereinen nichtpolitischer Natur sind 8714 Personen als
Mitglieder verzeichnet. Die Gewerkschaftsbewegung machte nur langsame Fortschritte.
Versammlungen. Soweit Berichte vorliegen, wurden 65 Volks=, 1312
Vereins= und 962 § 2=Versammlungen abgehalten. Zusammen also 2339.
Presse. In den drei Hauptorten erscheint für jeden dieser Agitationsgebiete
ein politisches Parteiblatt. In Reichenberg erscheint der „Freigeist" wöchentlich
zweimal in einer Auflage von: Dienstag 2300 Exemplaren und Freitag 2800 Exem=
plaren. Nebstdem erscheint in Reichenberg das deutsche „Fachblatt der Union der
Textilarbeiter' in 10.000 Exemplaren und das tschechische Fachblatt „Textilnik· in
4000 Exemplaren. In Warnsdorf erscheint die „Nordböhmische Volks=
stimme" in 2150 Exemplaren, in Steinschönau der „Nordböhmische
Volksbote" in 2000 Exemplaren, beide Blätter einmal wöchentlich. Die „Volks=
stimme" und der „Volksbote" wurden je zweimal konfisziert. Beide Blätter hatten
auch Preßprozesse wegen Ehrenbeleidigung. Beim „Volksboten" endigte der Prozeß
mit einem Ausgleich. Bei der „Volksstimme" wurde zweimal verurteilt, und zwar
einmal zu drei Tagen und einmal zu drei Wochen Arrest.
Maifeier. Die Maifeier wurde nur in sehr spärlichem Ausmaß, in der Regel
nur durch Abendveranstaltungen begangen.
Vertretung in den Gemeinden. Im Wahlkreise sind nach den Be=
richten 103 Gemeindeausschüsse und Gemeinderäte, meistens im III. Wahlkörper.
Besondere Bemerkungen. Der Bericht gibt kein vollständiges Bild
der Parteitätigkeit im Wahlkreis, denn es haben viele Lokalorganisationen die an sie
gesandten Fragebogen nicht beantwortet. Besonders die Angaben über die Mitglieder
der Lokalorganisationen und die Zahl der Versammlungen sind zumeist mindestens
um ein Drittel zu niedrig.
IX. böhmischer Wahlkreis (Gablonz=Trautenau). Gliederung. Der Wahlkreis,
ein Unikum in der Wahlkreisgeometrie, besteht aus den deutschen Bezirksorganisationen
Gablonz, Tannwald, Trautenau, Braunau, Hohenelbe, Landskron, Grulich und
Rochlitz, sowie aus den tschechischen Organisationen Tannwald=Schumburg, Königinhof
und Trautenau. Die deutsche Kreisleitung hat ihren Sitz in Gablonz, die tschechische
in Tannwald=Schumburg.
Häuserorganisation. Die Straßen= und Häuserorganisation ist in der in
Aussig beschlossenen Form leider noch fast gar nicht zur Durchführung gelangt; doch
sind im Tannwalder und zum Teil im Gablonzer Bezirk immerhin beachtenswerte
Ansätze vorhanden. In 42 Lokalorganisationen sind 1047 Genossen organisiert; der
Parteibeitrag beträgt laut Beschluß des Kreistages 12 H. per Monat, welche Norm
von den meisten Organisationen (einige zahlen weniger, zwei mehr) auch eingehalten
wird. Von den auf Karten mittelst Marken zu quittierenden Beiträgen werden 3 H.
für den Kreis, je 2 H. für den Bezirk und das Reich verwendet.
Vereine. Nach den leider mangelhaft eingegangenen Fragebogen und den
in Evidenz geführten Aufzeichnungen der Kreisvertretung zählen wir 39 gewerkschaft=
liche Organisationen mit 1493 Mitgliedern, 14 Bildungsvereine mit 422 Mitgliedern,
11 Arbeiter=Gesangvereine mit 385 Mitgliedern, 15 Arbeiter=Turnvereine mit 1018 Mit=
gliedern, 1 Arbeiter=Radfahrverein mit 30 Mitgliedern, hiervon zirka 300 weibliche
Mitglieder. Eine nicht zu unterschätzende Rolle spielen in unserem Kreise die Konsum=
vereine, doch läßt sich deren Verhältnis zur Partei infolge ungeklärter Situation dies=
mal nicht besprechen. Die Kreisvertretung wird dieser Organisationsform in Zukunft
auch ein besonderes Augenmerk zuwenden.
Versammlungen wurden abgehalten: 10 politische Vereins=, zirka 300 ge=
werkschaftliche und sonstige Versammlungen, zirka 400 § 2=Parteiversammlungen und
Sitzungen, zirka 100 § 2=Branchen= und zirka 60 Volksversammlungen, zusammen
870 Versammlungen. Der Besuch der Versammlungen ließ manches zu wünschen
übrig. Verboten wurde der Festzug zum Bezirksturnfest der Arbeiter=Turnvereine im
Bezirk Gablonz im August 1904. Dem Feste wurde unter dem Vorwande, daß es ein
tschechisches Fest sei, seitens der wie immer nach solchen Anlässen verbündeten Deutsch=
nationalen zu selber Stunde ein Trutzfest mit Festzug angezeigt, worauf, trotzdem
die Arbeiterturner die Bewilligung in den Händen hatten, beide Festzüge verboten
wurden.
Presse. Das Kreisorgan „Gebirgsbote" erscheint wöchentlich in
Gablonz in einer Auflage von 2400 bis 2500 Exemplaren. In Trautenau er=
scheint wöchentlich in einer Auflage von 1400 Exemplaren als Kopfblatt des „Ge=
birgsboten" das „Trautenauer Echo". Konfiskationen sind bei keinem der beiden

Blätter erfolgt. Gegen die Redaktion des „Gebirgsboten" waren von 21 Personen vier Anklagen erhoben worden, welche mit Zurückziehung der Klage endeten.

M a i f e i e r. Der 1. Mai wurde von den Glasschleifern des Isergebirges durch Arbeitsruhe gefeiert. Weiter fanden in Gablonz und Tannwald am Vormittag gut besuchte Volksversammlungen statt, denen abends in den einzelnen Organisationen verschiedene Veranstaltungen folgten. Der Geist für die Maifeier könnte besser sein.

P o l i t i s c h e V e r f o l g u n g e n hatten wir zu erdulden wegen einer Demonstration der Perlenarbeiter von A l b r e c h t s d o r f - M a r i e n b e r g im März 1905 gegen Schmutzkonkurrenten und Gegner der Perlenarbeitergenossenschaft. Die Anklage erfolgte auf Grund einer Anzeige eines nationalen Unternehmers gegen elf Personen anfangs wegen öffentlicher Gewalttätigkeit, dann nur wegen Uebertretung des § 3 des Koalitionsgesetzes. Trotz der Bemühungen des Staatsanwaltes erfolgte F r e i s p r u c h aller Angeklagten.

(Strafen: Kerker, Arrest, Geld, wurden nicht verhängt.)

W a h l e n, in die wir eingriffen, fanden statt: bei der Bezirkskrankenkasse in Tannwald und in den Gemeinden Albrechtsdorf-Marienberg, Polanu und Marschendorf für den III. Wahlkörper. Bei ersterer wurden unsere Vorstandsmitglieder in der Gruppe „Arbeitnehmer" mit allen gegen fünf Stimmen gewählt. Die Kasse zählt über 1500 Mitglieder. In der Gemeinde A l b r e c h t s d o r f - M a r i e n b e r g wurden von acht Kandidaten sechs mit 191 bis 240 gegen 120 bis 170 gegnerische Stimmen gewählt. In P o l a u n gewannen wir ein Mandat mit 52 Stimmen, in M a r s c h e n d o r f wurden drei Genossen mit 23 von 27 Stimmen wiedergewählt.

S o z i a l d e m o k r a t i s c h e G e m e i n d e v e r t r e t e r zählen wir 63 (61 im III., zwei im II. Wahlkörper) aus 17 Orten; leider sind nicht alle durchgebildete Sozialdemokraten.

B e s o n d e r e B e m e r k u n g e n. Der Krach der Braunauer Arbeiterbäckerei wirkte auf die dortige Organisation ungünstig zurück. Doch sind heute die Folgen schon so ziemlich überwunden. Im allgemeinen macht die politische und die gewerkschaftliche Organisation langsame Fortschritte.

XVI. böhmischer Wahlkreis (Budweis-Krumau). G l i e d e r u n g. Der XVI. böhmische Wahlkreis hat eine deutsche und eine tschechische Wahlkreisorganisation. Die deutsche umfaßt 2 Bezirksorganisationen und 14 Lokalorganisationen.

H ä u s e r o r g a n i s a t i o n. Die Straßen- und Häuserorganisation ist nur in Krumau durchgeführt, da sie in den anderen Orten wegen der geringeren Bevölkerungszahl oder der Schwäche der Organisation entweder nicht durchführbar oder ihre Zweckmäßigkeit noch nicht erkannt worden ist.

V e r e i n e. Die zur Partei gehörigen Vereine zählen etwa 1000 Mitglieder, welche auch regelmäßige Beiträge für die politische Parteiorganisation leisten, und zwar 2 H. per Woche. Ein Viertel der Beiträge ist Reichs-, ein Viertel Kreisparteisteuer und die Hälfte bleibt im Orte. Die am Orte verbleibenden 50 Prozent werden zu Agitations- und Organisationszwecken verwendet.

V e r s a m m l u n g e n. Im Berichtsjahre (vom 30. Juni 1904 bis 30. Juni 1905) fanden 14 politische Vereins-, 109 gewerkschaftliche und sonstige Vereinsversammlungen, 86 politische und 103 Branchen- (§ 2-Versammlungen und -Sitzungen), sowie 35 Volksversammlungen statt. Zusammen 347 Versammlungen.

P r e s s e. In Krumau wird als Wahlkreisorgan „D e r B ö h m e r w a l d b o t e" wöchentlich in einer Auflage von 1200 Exemplaren herausgegeben. Derselbe wurde im Berichtsjahre einmal konfisziert.

M a i f e i e r. Der 1. Mai wurde in Budweis und Krumau glänzend durch Arbeitsruhe, Demonstrationen und Volksversammlungen gefeiert. Auch in Wallern hatten die Holzarbeiter durch Arbeitsruhe demonstriert.

P o l i t i s c h e V e r f o l g u n g e n. Wegen Uebertretung des Koalitionsgesetzes, Wachebeleidigung, sowie der kaiserlichen Verordnung von 1854 wurden fünf Genossen und eine Genossin zu 26 Tagen 12 Stunden Arrest und 30 Kr. Geldstrafe verurteilt. Ein Genosse wurde von der Uebertretung der Wachebeleidigung freigesprochen.

V e r t r e t u n g i n d e n G e m e i n d e n. In zwei Orten des Wahlkreises sind im Gemeinderate acht sozialdemokratische, im dritten und zweiten Wahlkörper gewählte Vertreter.

B e s o n d e r e B e m e r k u n g e n. Erfolgreiche Demonstrationen fanden in Krumau wegen der Milchverteuerung statt. Das Ergebnis war, daß die geplante Verteuerung (20 H. per Liter) nur minimal (von 15 auf 17 H.) durchgeführt werden konnte. In Krumau litt die Parteibewegung in letzter Zeit sehr durch den verunglückten Streit der Papierarbeiter. Eine bedeutende Besserung der Parteiorganisation kann man dagegen in Budweis konstatieren. Die Parteiagitation ist im allgemeinen in diesem Wahlkreise sehr schwer, weil die Industrie in ihrer Entwicklung noch sehr

zurückgeblieben ist und besonders im Böhmerwalde eine sehr geringe Bevölkerungs=
dichtigkeit vorhanden ist.

XVIII. böhmischer Wahlkreis (Pilsen). Außer er Lokalorganisation Pilsen
selbst bestehen in diesem überwiegend tschechischen Wahlkreise noch deutsche Organi=
sationen in Littitz und einigen Orten des Böhmerwaldes. Der Bericht ist äußerst
mangelhaft und bezieht sich nur auf die Lokalorganisation Pilsen. Dort sind organi=
siert 92 Personen, von denen 56 regelmäßig Beiträge für die politische Organisation
leisten.

Versammlungen. Es wurden in Pilsen 2 Vereins=, 21 § 2= und 1 Volks=
versammlung abgehalten. Im ganzen also 24.

Maifeier. Die Maifeier wurde in Pilsen gemeinsam mit den tschechischen
Genossen begangen. In Littitz wurde eine große Versammlung abgehalten.

Bukowina.

Gliederung. Die eigentümlichen, unfertigen Zustände der Bukowina zwingen
uns, die Organisation in anderer Weise durchzuführen, als es sonst der Fall ist. Die
Leitung der politischen Bewegung liegt in den Händen der Landesexekutive in Czerno=
witz, die der gewerkschaftlichen in denen der Gewerkschaftskommission. In der Provinz
hat jede Lokalorganisation einen Vertrauensmann, der direkt der Landesexekutive
untersteht. Solche Organisationen bestehen: in Czernowitz, Wiznitz, Storozynetz,
Stor.=Putilla, Sadagora — I. Wahlkreis — und Suczawa, Radautz, Sereth,
Gurahumora — II. Wahlkreis.

Vereine und politische Organisation. Politische Vereine sind
nirgends, die gewerkschaftlichen Ortsgruppen der Eisenbahner zählen 150, Tischler 200,
Maler 30, Jugendliche 60 und Buchdrucker 130 Mitglieder. Im allgemeinen Gewerk=
schaftsverein und seinen Ortsgruppen in Czernowitz, Rosch, Sadagora, Radautz, Wiznitz,
Sereth, Gurahumora und Suczawa sind organisiert: Spengler, Schlosser, Bauarbeiter,
Schneider, Ziegeleiarbeiter, Zimmerleute ꝛc., im ganzen 1010 Mitglieder. Die Partei=
steuer beträgt 12 H. monatlich und wird gezahlt von 280 Genossen. Die Beiträge
werden für politische Aktionen verwendet.

Versammlungen. Es fanden statt 117 gewerkschaftliche, 42 Volks=, 64 § 2=
Versammlungen der gewerkschaftlichen Bewegung, 176 der politischen Partei, verboten 1,
aufgelöst 1; zusammen wurden gezählt 399 Versammlungen.

Presse. Das Parteiorgan ist die Volkspresse, die wöchentlich erscheint mit
einer Auflage von 1000 Exemplaren. 5 Konfiskationen und 3 Preßprozesse kamen vor,
letztere endeten mit der Einstellung der Untersuchung.

Maifeier. Lassallefeier und Maifeier dienten der Agitation. Der 1. Mai
wurde durch allgemeine Ruhe, Volksversammlungen, Feste und Umzüge gefeiert in
Czernowitz, Suczawa, Wiznitz und Storozynetz.

Lohnbewegungen. Es fanden statt Streiks in Storozynetz:
14 Schneider durch 8, 120 Maurer durch 1, 150 Handlanger durch 3, 100 Ziegelei=
arbeiter durch 3, 18 Tischler durch 2, 12 Spengler durch 4 Tage; Czernowitz:
3000 Bauarbeiter durch 8, 40 Maler durch 8, 3000 Ziegelei=, Erd= und Mühlenarbeiter
durch 2, 200 Tischler durch 14, 90 Schlosser durch 14, 60 Spengler durch 8 Tage;
Suczawa: 20 Spengler durch 3 Tage; Sereth: 300 Bauarbeiter durch 1 Tag.
Sämtliche Streiks endeten mit einem Siege der Organisation. Es wurde durchweg
eine Verkürzung der Arbeitszeit erreicht, ebenso eine Lohnerhöhung. Bei den Bau=
arbeitern auch ein Minimallohn. Kein einziger Streit ist verloren gegangen. Streik=
brecher sind hier unbekannt. Nur in Czernowitz zogen die Streiks vielen Beteiligten
Strafen wegen geringfügiger Delikte zu, es fehlen jedoch darüber genaue Daten. Es
wurden auch 2 Wachleute verurteilt.

Wahlen. Die Landtagswahlen wurden einzig zur Agitation benützt. Dagegen
beteiligte sich die Partei bei den Krankenkassenwahlen. In Suczawa gelang es, die
Liste der Partei, auf der aber nur 3 Genossen waren, durchzubringen, wogegen die
Partei in Czernowitz mit 400 gegen 800, in Storozynetz mit 90 gegen 135 unterlag.
Letztere Wahlen wurden annulliert. Den Eisenbahnern gelang es, für ihre Kandidaten
in die Unfallversicherung 700 gegen 1800 Stimmen aufzubringen. Die Partei agitiert
aufs eifrigste für eine Gemeindewahlreform und ein Gewerbegericht.

Kärnten.

Gliederung. Das Land Kärnten bildet einen Wahlkreis, der in die sechs
Bezirksorganisationen Klagenfurt, Villach, Wolfsberg, Spittal an der Drau, St. Veit
an der Glan und Völkermarkt eingeteilt ist. Die Parteivertretung hat ihren Sitz in
Klagenfurt.

2*

Häuserorganisation. Straßen= und Häuserorganisationen werden in Kärnten soeben in Klagenfurt und Villach eingerichtet. In weiteren 21 Orten bestehen Lokalorganisationen. Die Parteisteuer wird durch Zuschlag von 2 H. zu den Wochenbeiträgen in die fach= und gewerkschaftlichen Organisationen gezahlt, doch ist die Abrechnung noch immer keine ganz genaue. Die Tabakarbeiterinnen sowie die Sportvereine zahlen keine Parteisteuer.*

Vereine. Im Lande gibt es zusammen 77 der Partei angehörige Fach=, Gewerkschafts= und Sportvereine.** Die Gesamtzahl der in diesen Vereinen eingetragenen Mitglieder beträgt gegen 2400. Es besteht nur ein einziger politischer Verein im Lande, und zwar in Villach und der schläft.

Versammlungen. Volksversammlungen wurden in der Berichtsperiode abgehalten 73; die Zahl der gewerkschaftlichen Versammlungen ist von Halbjahr zu Halbjahr nicht recht festzustellen, da unser letzter Bericht die Versammlungszahlen für das ganze Jahr 1904 ausweist. Die Monatsversammlungen der Fach= und Gewerkschaftsvereine werden ziemlich regelmäßig abgehalten. Die Parteisitzungen in Wolfsberg, Villach, Klagenfurt und Spittal finden streng regelmäßig statt, in Klagenfurt jeden zweiten Mittwoch. Versammlungen wurden uns weder verboten noch aufgelöst.

Presse. Das bisherige Kärntner Parteiblatt „Volkswille", das seit dem 1. Juli 1900, zuletzt als Kopfblatt der Linzer „Wahrheit", bestand, wurde am Ende der Berichtsperiode mit dem Grazer „Arbeiterwille" zu einem Blatte verschmolzen. Am 23. Juni erschien die letzte Nummer des „Volkswille" und seither gilt die Sonntagnummer des „Arbeiterwille" als Kärntner Organ. Die Operation brachte sehr guten Erfolg. Es werden viel mehr Sonntagsblätter des „Arbeiterwille" verkauft, als der „Volkswille" jemals abgesetzt hatte, und auch der tägliche „Arbeiterwille" gewann 300 Abonnenten in Kärnten.

Maifeier. Die Maifeier wurde nur teilweise begangen, vornehmlich in Villach, Klagenfurt und Spittal an der Drau. In den meisten anderen Orten wurde entweder nur von den Arbeitern des Kleingewerbes oder gar nicht gefeiert. Im ganzen sind bloß 15 Orte in irgend einer Form an der Maifeier beteiligt gewesen.

Wahlen. Die Partei beteiligte sich an den Gemeinderatswahlen in Klagenfurt, Villach und Tarvis. In Klagenfurt gelang es zum erstenmal, in der Stichwahl den einen Sozialdemokraten, den Gen. Riese, im dritten Wahlkörper durchzubringen. Dieser Erfolg erweckte großen Jubel im ganzen Lande. In Villach unterlagen unsere Genossen mit wenigen Stimmen Minderheit. In Tarvis gelang es einen Mann durchzubringen.

Vertretung in den Gemeinden. In vier Gemeinden sitzen fünf Genossen. Alle im III. Wahlkörper gewählt.

Besondere Bemerkungen. Im ganzen Lande wurde im November und Dezember 1904 eine Agitationskampagne gegen die deutsch=völkische Landtagsmehrheit durchgeführt, deren Sprecher, der Vertreter der fünften Kurie Kärntens, der sattsam bekannte Dr. Lemisch, es gewagt hatte, den Antrag zu stellen, der Allgemeinen Arbeiter=Krankenkasse die bisher zur Unterstützung der arbeitsunfähigen Krüppel bezogene Subvention zu entziehen und sich nicht entblödete, die Funktionäre der Krankenkasse niedrig zu verdächtigen. Die Landtagsmajorität nahm zwar den Antrag des Lemisch an, aber sie fügte sich selber damit größeren Schaden zu als der Krankenkasse, der sie die Subvention entzog. In 34 Versammlungen protestierte die Arbeiterschaft und mit ihr vereinigt viele Bürger und Bauern gegen den Gewaltstreich der Landtagsmehrheit und ihre volksausbeuterische Steuerpolitik. So wurden unserer Partei viele neue Anhänger zugeführt.

Mähren.

I. mährischer Wahlkreis (Brünn). Deutsche Sektion. Die Organisation der deutschen Genossen erstreckt sich nur auf Brünn und die nächste Umgebung, denn der weitere Teil des Wahlkreises ist überwiegend tschechisch.

Häuserorganisation. Die Straßenorganisation ist teilweise durchgeführt. Zirka 300 Genossen zahlen regelmäßig Parteibeiträge in der Höhe von 6 Hellern wöchentlich.

Vereine. Ueber die Zahl der zur deutschen Parteiorganisation gehörigen Vereine und ihre Mitgliederzahl wurde kein Bericht erstattet.

Versammlungen. Ebenso fehlt in dem Berichte jede Angabe über die Zahl der Versammlungen.

---

* Unsere Ausweise sind alle nach Kalenderjahren abgeschlossen. Vom 1. Juli 1904 bis 30. Juni 1905 zu berichten ist deshalb nicht leicht möglich.
** Ein genaues Verzeichnis sowie den Jahreskassenbericht enthält unser gebundene „Gewerkschaftsbericht für 1904".

Presse. Das Parteiorgan des I. mährischen Wahlkreises und zugleich mährisches Landesorgan ist der „Volksfreund", der in der Berichtsperiode einmal wöchentlich in einer Auflage von 3600 bis 3800 erschien. Während der Berichtsperiode kamen drei bis vier Konfiskationen vor. Er hatte drei Ehrenbeleidigungsprozesse, von denen einer mit einem Freispruche, zwei mit der Zurückziehung der Klage seitens der Gegner endete.

Maifeier. Die Maifeier wurde auch heuer in der gleichen befriedigenden Weise gefeiert wie in den früheren Jahren.

Wahlen. In der Berichtszeit wurden die Wahlen für die Unfallversicherungs= anstalt, die Bezirkskrankenkasse und die Allgemeine Krankenkasse durchgeführt. Alle mit gutem Erfolge.

Besondere Bemerkungen. In Brünn wurde der Hauptteil des Kampfes um die mährische Landtagswahlreform und die Reform des Brünner Gemeindewahl= rechtes ausgefochten, der, wie schon im Hauptberichte angeführt wurde, zahlreiche Ver= sammlungen und eine Anzahl von großen stürmischen Demonstrationen nötig machte, in denen die Brünner Arbeiterschaft in bravouröser Weise ihre Pflicht erfüllte.

II. mährischer Wahlkreis (Iglau). Deutsche Sektion. Die deutsche Wahl= kreisorganisation ist vornehmlich auf Iglau und die nächste Umgebung beschränkt.

Häuserorganisation. Die Straßenorganisation ist in Iglau durchgeführt und 160 Parteigenossen leisten regelmäßig einen Beitrag von 10 Hellern monatlich.

Vereine. Es existieren 13 Vereine mit 310 männlichen und 80 weiblichen Mitgliedern. Hier sind die zweisprachigen mitgezählt.

Versammlungen. In der Berichtszeit wurden 9 Volks=, 27 politische Vereins=, 137 Vereinsversammlungen der Brauchen, 25 § 2=Versammlungen der Partei und 17 § 2=Versammlungen der Brauchen abgehalten. Zusammen 215 Versammlungen. Die Affichierung einer Versammlung wurde verboten.

Maifeier. Der 1. Mai wurde in sechs größeren und vielen kleinen Betrieben durch Arbeitsruhe gefeiert.

Besondere Bemerkungen. Die deutsche Organisation hat sich seit dem Vorjahre bedeutend gehoben.

III. mährischer Wahlkreis (Znaim). Gliederung. Nur in einzelnen Orten besteht eine Organisation. Durch den überwiegend agrarischen Charakter des Wahl= kreises ist eine systematische Bearbeitung des ganzen Gebietes sehr erschwert.

Häuserorganisation. Die Häuserorganisation ist noch in keinem einzigen Orte durchgeführt. Die Parteibeiträge sind mit 10 Hellern monatlich festgesetzt. Ueber die Zahl der Parteibeitragszahler ist nichts Genaues zu ermitteln.

Verein. In zur Partei gehörigen Vereinen sind nach dem Berichte 888 Per= sonen vereinigt.

Versammlungen. Es wurden 26 Volks=, 10 politische Vereins=, 115 auber= weitige Vereins= und 93 § 2=Versammlungen. Zusammen 244 Versammlungen.

Maifeier. Die Maifeier wurde in den Orten, wo eine Organisation besteht, in befriedigender Form begangen.

Vertretung in den Gemeinden. Im ganzen sitzen 16 Genossen in mehreren Gemeindeausschüssen. Alle sind aus dem III. Wahlkörper gewählt.

Besondere Bemerkungen. Die politische Organisation hat im letzten Jahre bedeutende Fortschritte gemacht. Besonders viele Bauern sind für unsere Sache gewonnen worden. Es erscheint auch ein radikales Bauernblatt im Wahlkreise unter dem Titel „Gerechtigkeit".

V. mährischer Wahlkreis (Proßnitz). Nur in Proßnitz selbst besteht eine deutsche Organisation. Sie hielt 16 Vereins= und 23 § 2=Versammlungen ab. Alle Veranstaltungen der tschechischen Genossen, die die überwiegende Mehrheit bilden, werden von den deutschen Genossen mitgemacht.

VI. mährischer Wahlkreis (Sternberg=Mährisch=Ostrau). Gliederung. Die Einteilung des deutschen Wahlkreisgebietes in vier Bezirksorganisationen ist beibehalten worden, und zwar: Sternberg, Olmütz, Mährisch=Ostrau, Neutitschein. Der Sitz der Wahlkreisleitung ist Sternberg. Für die Enklaven haben die Jägerndorfer Genossen die Agitation übernommen. Im ganzen bestehen jetzt 35 Lokal= organisationen.

Häuserorganisation. Auf der letzten Wahlkreiskonferenz in Sternberg wurde die gründliche Durchführung der Straßen= und Häuserorganisation beschlossen und seither ist sie in 16 Orten durchgeführt worden. In 5 Orten ist nur eine fabriksweise Organisation möglich, in den 4 gemischtsprachigen Orten wird die Häuserorganisation mit Rücksichtnahme auf die nationale Zugehörig= keit durchgeführt und nur in 10 kleinen Orten ist sie gar nicht durchgeführt.
— Alle Lokalorganisationen haben 1543 Mitglieder, darunter 341 Frauen, die einen

Parteibeitrag von 8 bis 20 Heller pro Monat leisten. Frauen beteiligten sich bisher nur in drei Orten an der Parteiarbeit.

Vereine. Im deutschen Teile des Wahlkreises bestehen drei politische Vereine und 65 Gewerkschaftsorganisationen. Sie haben zusammen 3743 Mitglieder, darunter 702 Frauen. Gegen das Vorjahr ist also eine Zunahme von 704 Personen, darunter 57 Frauen, zu konstatieren.

Versammlungen. Es wurden 71 Volks-, 25 politische Vereins-, 472 gewerkschaftliche und sonstige Vereins- und 168 § 2 - Versammlungen abgehalten. Zusammen 736 Versammlungen.

Presse. Ein eigenes Blatt besitzt der Wahlkreis nicht, sondern der Brünner „Volksfreund" gilt als Kreisorgan und wird auch ziemlich gut verbreitet.

Maifeier. Die Maifeier wurde in den größeren Orten mit Ausnahme von Wittowitz ziemlich gut durchgeführt. Besonders gut in Bodenstadt, Hof und Sternberg. In den kleinen Orten ist vielfach gar nichts gemacht worden.

Politische Verfolgungen. In acht Fällen wurden zusammen 100 Kronen Geldstrafe verhängt, meist wegen Uebertretungen des Kolportageparagraphen.

Wahlen. Während der Berichtszeit beteiligten sich die Genossen an den Gemeindewahlen in Stefauau, Bodenstadt, Hodolein, Mährisch-Ostrau und Petersdorf. Nur in Bodenstadt gelang es, im III. Wahlkörper einen Genossen durchzubringen. Bei den Gewerbegerichtswahlen in Sternberg siegte die Partei in allen Gruppen mit großer Majorität. Auch bei den Genossenschaftswahlen in Mährisch-Ostrau wurde ein Erfolg errungen.

Vertretung in den Gemeinden. In sechs Orten des Wahlkreises haben wir im ganzen 13 sozialdemokratische Gemeindeausschüsse. Alle sind im III. Wahlkörper gewählt.

Sonstige Bemerkungen. In immer mehr Orten sehen sich die Parteigenossen gezwungen, an die Gründung von Arbeiterheimen zu gehen, da ihnen von den Gegnern alle Gasthäuser abgetrieben werden. So bestehen heute schon fünf eigene Arbeiterheime in verschiedenen Orten des Wahlkreises und in drei anderen Orten haben die Genossen Lokalitäten gemietet. Auch die Konsumgenossenschaftsbewegung nimmt einen ziemlich kräftigen Aufschwung. Freilich gibt es auch in diesem Wahlkreise noch Orte, in denen bisher ein Eindringen der Sozialdemokratie ausgeschlossen, jedoch im allgemeinen macht die Parteibewegung befriedigende Fortschritte.

VII. mährischer Wahlkreis (Mährisch-Schönberg). Gliederung. Der VII. mährische Wahlkreis ist in die sieben Bezirksorganisationen Mährisch-Schönberg, Müglitz, Trübau, Zwittau, Neustadt, Römerstadt und Wiesenberg eingeteilt und hat die Wahlkreisvertretung ihren Sitz in Mährisch-Schönberg.

Häuserorganisation. In den Bezirksorganisationen besteht eine größere Zahl von Lokalorganisationen und sechzehn von ihnen haben die Häuserorganisation durchgeführt. Mehrere Lokalorganisationen haben das Werkstättenvertrauensmännersystem beibehalten und der Rest ist bemüht, in allernächster Zeit die Häuserorganisation durchzuführen. Die Parteibeiträge schwanken zwischen 12 und 16 Hellern monatlich und werden von 1100 Personen regelmäßig bezahlt.

Vereine. Laut eingelaufenen Berichten bestehen im Wahlkreise 57 Vereine mit 3678 Mitgliedern.

Versammlungen. Die oben angeführten Vereine und Branchenortsgruppen hielten in der Berichtszeit 258 Vereinsversammlungen ab, welche zumeist der Agitation dienten, außerdem wurden 148 § 2 - und 132 Volksversammlungen abgehalten. Also zusammen 538 Versammlungen. Eine Versammlung wurde aufgelöst, verboten keine.

Presse. Seit sieben Jahren erscheint in Mährisch-Schönberg als Wahlkreisorgan die „Volkswacht" einmal wöchentlich, welche gegenwärtig eine Auflage von 3550 Exemplaren hat.

Maifeier. Der 1. Mai wurde in den meisten Industrieorten vollständig gefeiert.

Politische Verfolgungen. An Prozessen verzeichnen wir zwei, und zwar wurden vier Arbeiter wegen Uebertretung des Koalitionsgesetzes angeklagt und davon drei zu 24 und einer zu 48 Stunden Arrest verurteilt. Zusammen daher 5 Tage Arrest. Vier Personen wurden wegen Religionsstörung angeklagt und wurden freigesprochen.

Wahlen. In 6 Orten beteiligte sich die Partei mit Erfolg an den Gemeindewahlen und wurden in 2 Orten je 3, in 2 Orten je 2 Genossen, in einem Orte 1 Genosse und in einem Orte 6 Genossen aus dem III. Wahlkörper gewählt. Daher im ganzen in 6 Orten 17 Gemeindevertreter.

Sonstige Bemerkungen. In der Berichtsperiode ist vor allem auf dem Gebiete der Gewerkschaftsbewegung ein bedeutender Fortschritt zu verzeichnen. In einer großen Anzahl von Volksversammlungen wurde Protest erhoben gegen das korrupte

Presse. In Floridsdorf erscheint das Wahlkreisorgan der „Volks=
bote" mit einer Auflage von 3500 Exemplaren einmal wöchentlich. Das Blatt ist aktiv.
Politische Verfolgungen hatten wir: 2 § 23 Preßgesetz=Verurteilungen,
zusammen 40 Kr. Strafe. 2 Verurteilungen anläßlich der Maidemonstration wegen
§ 305 St.=G., zusammen 14 Tage Arrest. Eine ganze Anzahl Prozesse wegen der letzten
Wahl sind noch nicht abgeschlossen.

Gemeindewahlen. An den Gemeindewahlen im vierten Wahl=
körper hat unsere Partei ebenfalls teilgenommen. In Stockerau kamen unsere sechs
Genossen mit den Christlich=Sozialen und Deutschnationalen in die Stichwahl. Durch
ein Zusammengehen mit den Deutschnationalen wurden in der engeren Wahl fünf
Genossen gewählt. Im ersten Wahlgang hatten wir 730 Stimmen, im zweiten Wahl=
gang 1112 Stimmen.

Im XXI. Wiener Gemeindebezirk (Floridsdorf) eroberten wir das
Mandat des vierten Wahlkörpers mit 5420 gegen 3869 christlich=soziale Stimmen. Im
dritten Wahlkörper erhielten unsere zwei Kandidaten 313 Stimmen, die Christlich=
Sozialen 924. Außerdem nahmen unsere Genossen noch in Hausdorf an den Gemeinde=
wahlen teil, blieben jedoch in der Minorität. Im ganzen sind in Gemeindeausschüssen
vertreten: Stockerau 5 Genossen, Augental 3, Süßenbrunn 1 und Wien 1. Im Ge=
meindevorstand (Gemeinderat) ist in Stockerau 1 Genosse.

Besondere Bemerkungen. Die Wahlkreisvertretung unterhält in Florids=
dorf ein Arbeitersekretariat, wo in allen Fragen Auskunft erteilt wird und
alle möglichen Gesuche und Eingaben unentgeltlich gemacht werden. Im Berichts=
jahre wurden die industriereichsten Orte des Wahlkreises (Floridsdorf, Stadlau u. s. w.)
zu Wien einverleibt, wodurch, wenn einmal die Trennung auch politisch vollzogen
wird, dem Wahlkreise sein bester Teil genommen wird.

IX. Wahlkreis (Wiener=Neustadt). Gliederung. In elf Bezirken ist die
politische Organisation teilweise gut, teilweise mangelhaft. Dieselben hielten im
Berichtsjahre zusammen 100 Versammlungen: 90 Volks= und 10 Wählerversamm=
lungen, ab. Politische und nichtpolitische Vereinsversammlungen fanden 468, § 2=Ver=
sammlungen 253 statt. Im gesamten Wahlkreise befanden sich 90 Vereine mit 4722
männlichen und 246 weiblichen Mitgliedern.

Gemeindewahlen. In 19 Gemeinden beteiligte sich unsere Partei an diesen
Wahlen und wir gewannen in neun Gemeinden im vierten Wahlkörper 24 Mandate.
Nachdem sich die Hainburger Genossen auch an den Wahlen im dritten Wahlkörper
beteiligten, eroberten dieselben noch weitere 10 Mandate, so daß sie 15 Vertreter im
Gemeindeausschusse besitzen. Einer von diesen wurde auch in den Gemeinderat gewählt.
Die Wahlen in Neunkirchen, Gloggnitz und Reichenau=Payerbach finden erst später statt
und ist auch hier noch ein Erfolg zu erwarten.

Politische Verfolgungen konstatiert die Wahlkreisleitung 2, welche wegen
§ 23 des Preßgesetzes und § 496 des Strafgesetzes 8 Tage Arrest und 8 Kr. Geld=
strafe nach sich zogen.

Presse. Das Wahlkreisorgan die „Gleichheit" hat eine Auflage von 2600 Exem=
plaren und erscheint seit 1. Jänner l. J. im größeren Formate. Das Blatt ist jetzt
aktiv, bedarf aber noch immer der tatkräftigsten Unterstützung seitens der Organisationen.

Oberösterreich.

Gliederung. Die drei Wahlkreise der fünften Kurie, Linz, Steyr und
Wels, sind in einer Landesorganisation vereinigt. Der Sitz der Landesparteivertretung
ist Linz.

Häuserorganisation. Die Straßenorganisation ist nur im I. Wahlkreis
in den Orten Linz, Urfahr, Schwertberg teilweise eingeführt. Eine einheitliche Ein=
hebung der Parteibeiträge konnte bis jetzt noch nicht erzielt werden, daher die Zählung
der politisch organisierten Genossen auf Schwierigkeiten stößt. Der Beitrag als Landes=
parteisteuer ist mit 4 H. per Monat und Mitglied festgesetzt. Mit den Zusteuerungen
für Orts= und Bezirksorganisationen schwankt die Einhebung der Beiträge in den
verschiedenen Orten zwischen 44 H. und 20 H. per Monat. Regelmäßig haben diese
Parteisteuer 3326 Personen geleistet.

Vereine. In 33 Orten Oberösterreichs befinden sich 97 gewerkschaftliche Orga=
nisationen mit einem Gesamtmitgliederstand von 4847 Personen. Für jeden Wahlkreis
besteht auch ein politischer Parteiverein.

Versammlungen. In Oberösterreich wurden 114 politische und Volks=
versammlungen abgehalten, ferner zum Ausbau der Parteiorganisation und Partei=
tätigkeit 297 Versammlungen nach § 2 V.=G. abgehalten. Zusammen 411. Die Zahl
der gewerkschaftlichen Versammlungen wurde n i c h t erhoben.

Presse. In Linz erscheint das Wochenblatt „Wahrheit" für Oberösterreich mit einer Auflage von 4200 Exemplaren, in Steyr das Wochenblatt „Steyrer Volksfreund" für den Bezirk Steyr, als Kopfblatt der Wahrheit, mit einer Auflage von 600 Exemplaren. Beide Blätter sind aktiv in ihrem Vermögensbestande. Bei dem Landesorgan „Wahrheit" kam in der Berichtsperiode eine Konfiskation vor sowie ein Preßprozeß, der mit einem Vergleich endigte.

Maifeier. Die Maifeier wurde in Linz, Steyr, Wolfsegg, Ebensee, Steyrermühl, Weyer, Schwertberg, Mauthausen, Urfahr mit Versammlungen, Umzügen und Festivitäten würdig durchgeführt. In Neuzeug, Goisern, Molle, Traun, Hallstatt durch Versammlungen am Abend oder Vorabend gefeiert.

Wahlen. Große Wichtigkeit muß den Wahlen im neugeschaffenen vierten Wahlkörper des Linzer Gemeinderats beigelegt werden. Galt es doch die zwölf Mandate dieses Wahlkörpers für unsere Partei zu erringen. Diese Wahl fand am 4. April 1905 statt. Die Linzer Genossen errangen am Hauptwahltage gegenüber der Deutschen Volkspartei und den vereinigten klerikalen Parteien einen schönen moralischen Erfolg. Die niederste Stimmenanzahl der sozialdemokratischen Liste betrug 4203, die höchste 4588 Stimmen. Da die absolute Majorität von keiner Partei erreicht wurde, fand am 7. April die Stichwahl statt. Auf unsere Kandidaten entfielen 5000 Stimmen und 5245 als die höchste Zahl. Da die Klerikalen zwei Kandidaten der Deutschen Volkspartei auch für ihre Leute, in der Hoffnung, auf diese Weise den einzigen Klerikalen, der in die Stichwahl kam, durchzubringen, zur Wahl empfohlen hatten, blieben zwei Kandidaten unserer Partei mit je 5000 Stimmen in der Minorität. Die übrigen zehn Genossen wurden für gewählt erklärt.

Vertretung in den Gemeinden. In Oberösterreich befinden sich in Linz zehn, in Hallstatt drei und in Goisern ein Vertreter unserer Partei in der Gemeindestube.

Besondere Bemerkungen. Die gewerkschaftliche Organisation macht sichtbare und recht erfreuliche Fortschritte. Es wurde auch in den letzten Jahren das größte Augenmerk auf die Ausbreitung, das Erstarken und Anwachsen dieser Vereinigungen gerichtet, und infolgedessen ist mit Sicherheit zu erwarten, daß auch die politische Organisation an Stärke und Kraft zunimmt, indem ihr neue, unverdrossene Kämpfer zugeführt werden.

Salzburg.

Gliederung und Organisation. Im Gebiete des Landes Salzburg, welches im gesamten rund 15.000 gewerbliche Arbeiter aufweist, bestehen vier Bezirksorganisationen mit 2600 Parteimitgliedern, die in 30 Ortsorganisationen vereinigt sind. Nachdem das Land 98 Gemeinden aufweist, fehlt in 68 Ortschaften noch jede Organisation. Der Bezirk Tamsweg im Lungau, der durch die Tauernkette vom Lande getrennt ist, hat überhaupt keine Organisation. Die Parteisteuer für das Land, welche 10 H. pro Monat beträgt, haben im Berichtsjahre 2000 Mitglieder geleistet.

Vereine. Die gewerkschaftliche Organisation weist 2800 Mitglieder auf, davon fallen auf Salzburg und Umgebung allein 2000 Mitglieder.

Versammlungen. Versammlungen fanden im Berichtsjahre insgesamt 361 statt, darunter 78 Volksversammlungen und 23 Wählerversammlungen. Die Zahl der Vereinsversammlungen ist nicht genau ermittelt.

Presse. Die Auflage des Parteiorgans „Salzburger Wacht" stieg im Berichtsjahre von 2300 auf 4000. Das Blatt, welches früher vierseitig war, erscheint seit 1. Jänner 1905 in einer Stärke von acht bis zehn Seiten und leistet der Partei gute Dienste.

Maifeier. Die Maifeier gestaltete sich auch dieses Jahr in Salzburg-Stadt zu einer großartigen Manifestation, an welcher 3500 Personen teilnahmen.

Politische Verfolgungen. Anklagen wurden 17 erhoben, darunter neun wegen Preßdelikten und acht wegen Uebertretung des Koalitionsrechtes. Wegen den Koalitionsdelikten wurden sämtliche Genossen freigesprochen, in Preßsachen kam es zu fünf Verurteilungen wegen Kolportage und einer Verurteilung wegen § 22 (Preßgesetz). In einer Ehrenbeleidigungsklage kam es zu einem Vergleich, in einer Klagesache wegen § 24 (Preßgesetz) und in zwei Klagen wegen § 23 (Kolportageverbot) zu Freisprechungen.

Wahlen. Bei den Gemeinderatswahlen in Salzburg unterlag unsere Partei gegenüber der national-klerikalen Koalition mit 510 gegen 647 Stimmen. Die im Frühjahr 1904 vorgenommenen Wahlen im III. Wahlkörper wurden über Protest der Sozialdemokraten vom Verwaltungsgerichtshof annulliert. Wegen der dringenden Gefahr, daß die Sozialdemokraten doch noch den III. Wahlkörper erobern, ging der

Salzburger Gemeinderat daran, anläßlich der Durchführung der Wahlreform im
Sommer 1905 durch Erhöhung des Steuerzensus im III. Wahlkörper einen Wahlrechts=
raub auszuüben und in dem neuen IV. Wahlkörper ein Surrogat zu schaffen, welches
durch allerhand Klauseln das verliehene Wahlrecht an die Arbeiter wieder aufhebt.
Das Massenmeeting, welches diese „Wahlreform" hervorrief, war von 4000 Personen
besucht, die nach dem Meeting vor dem Rathause demonstrierten. Die Bewegung für
das allgemeine Wahlrecht führte in Salzburg, Hallein und anderen Orten zu Massen=
versammlungen und Demonstrationen.

Besondere Bemerkungen. Der Fortschritt der Partei in diesem kleinsten
Lande Oesterreichs drückt sich in dem prachtvollen Aufschwung der Organisation und
der Parteipresse aus. Auch die Konsumvereinsbewegung hat bei uns durch Gründung
des Salzburger Konsumvereines „Vorwärts" Einzug gehalten, der gut fundiert ist und
eine Mitgliederzahl von 800 aufweist.

Schlesien.

I. schlesischer Wahlkreis (Troppau=Jägerndorf). Gliederung. Der Wahlkreis
ist in die zehn Bezirksorganisationen Wigstadtl, Odrau, Wagstadt, Troppau,
Jägerndorf, Olbersdorf, Freudenthal, Würbenthal, Freiwaldau
und Bennisch eingeteilt. Der Sitz der Landesparteivertretung, respektive des Wahl=
kreisausschusses ist in Jägerndorf.

Häuserorganisation. Die Straßen= und Häuserorganisation ist in den
meisten Orten noch nicht zur Gänze durchgeführt. In Jägerndorf seit den letzten
Monaten des Jahres 1904.

Vereine. Im Wahlkreis befinden sich 35 gewerkschaftliche Organisationen,
Ortsgruppen oder Zahlstellen mit zirka 3000 Mitgliedern, darunter zirka 10 Prozent
Frauen. Die kräftigeren Organisationen leisten für ihre Mitglieder die Reichspartei=
steuern. Die Landesparteisteuer wird von den kleineren Organisationen oder deren
Mitgliedern nicht immer regelmäßig geleistet; auch hat sich dieselbe im Wahlkreis nur
schwer einführen lassen.

Versammlungen. Soweit aus den mangelhaften Berichten zu entnehmen
ist, wurden 32 Volks=, 188 Vereins= und 183 § 2=Versammlungen abgehalten. Zu=
sammen 403 Versammlungen. Verboten oder aufgelöst wurde und ist keine Versammlung.

Presse. Seit Februar 1904 erscheint als Wahlkreisorgan die „Schlesische Volkspresse"
als Kopfblatt des Brünner „Volksfreund". Mit ungefähr 1700 Abonnenten hat das
Blatt begonnen und die gegenwärtige Auflage beträgt 2700 Exemplare. Das Blatt
erscheint wöchentlich einmal und wurde noch nie konfisziert. Preßprozesse hatten wir
noch keine, dagegen wurde gegen den Herausgeber wegen verspäteter Anmeldung des
verantwortlichen Redakteurs ein Versäumnisurteil mit 10 Kronen gefällt.

Maifeier. Der 1. Mai wird im ganzen Wahlkreis mit Ausnahme von Odrau,
Wigstadtl und teilweise Jägerndorf in keiner Stadt oder Ort besonders demonstrativ
gefeiert. Einige gibt es in jedem Ort, die den 1. Mai ohne Gefahr mit Arbeitsruhe
feiern können, jedoch ist nach den trüben Erfahrungen, die die Arbeiterschaft der In=
dustrieorte in den Jahren 1900 und 1901 gemacht haben, wo so viele gemaßregelt
wurden, die Arbeiterschaft schwer zu bewegen, den 1. Mai durch gänzliche Arbeits=
ruhe zu feiern. Dasjenige, was gemacht wird, ist Halbheit.

Wahlen. Die Genossen beteiligten sich an den Gemeindewahlen in einzelnen
Orten, jedoch mit nicht sehr großen Erfolgen. In Jägerndorf wurden noch
die Gewerbegerichtswahlen durchgeführt und sämtliche Parteikandidaten
gewählt.

Vertretung in den Gemeinden. In sechs Orten wurden acht
Gemeindeausschüsse gezählt. Auf Vollständigkeit kann diese Angabe keinen Anspruch
erheben.

Besondere Bemerkungen. Trotz der heftigen Gegenagitation von
deutschnationaler und christlich=sozialer Seite und des häufigen Mangels an tüchtigen,
für die Agitation gut brauchbaren Kräften macht die Bewegung doch stetige Fort=
schritte. Besonders die gewerkschaftliche Organisation hat sich in der Berichtszeit vielfach
gebessert.

II. schlesischer Wahlkreis (Teschen=Bielitz). Präzise Angaben über die Einteilung
in Bezirksorganisationen fehlen.

Die Straßen= und Häuserorganisation ist noch nirgends durch=
geführt. Ihr größtes Hindernis ist die starke Nationalitätenmischung in unserem Wahl=
körper, die zur Folge hat, daß kein größerer Industrieort besteht, in dem die Partei=
agitation bloß in einer Sprache geführt werden könnte.

Vereine. Es bestehen im ganzen zirka 37 Vereine. Ihre Mitgliederzahl ist nicht genau ermittelt. Die Gewerkschaftsbewegung hat einen großen Aufschwung, besonders unter den polnischen Bergarbeitern genommen.

Vom Neujahr 1906 an soll ein eigenes polnisches Bergarbeiterfachblatt erscheinen.

Versammlungen. Soweit Angaben vorliegen, wurden 35 Volks- und 369 andere Versammlungen abgehalten. Zusammen 404 Versammlungen.

Presse. Das deutsche Wahlkreisorgan ist die „Bielitzer Volksstimme", die wöchentlich einmal in einer Auflage von 1400 Exemplaren als Kopfblatt des Brünner „Volksfreund" erscheint.

Maifeier. Die Maifeier wurde beinahe nirgends durch Arbeitsruhe begangen, sondern bloß durch Abend- und Sonntagsversammlungen.

Wahlen. Bei den Bezirkskrankenkassenwahlen unterlagen die Genossen mit acht Stimmen Differenz der gegnerischen Liste.

Vertretung in den Gemeinden. In einer Gemeinde sitzen im III. Wahlkörper 6, im II. Wahlkörper 2 Genossen.

Besondere Bemerkungen. Ueberall im Wahlkreise leiden wir unter dem Mangel von für die Agitations- und Organisationsarbeit verwendbaren Genossen.

Steiermark.

Gliederung. Die Wahlkreisorganisation ist in Steiermark nicht eingeführt, sondern es besteht eine zentralistische Landesorganisation, die alle vier Wahlkreise der fünften Kurie umfaßt und in 13 Bezirksorganisationen eingeteilt ist. Verbindungen hat die Partei in rund 80 Orten.

Häuserorganisation. Die Häuserorganisation ist in allen größeren Orten Steiermarks durchgeführt und hat sich bisher sehr gut bewährt. In ihr leisteten, wie aus den Berichten hervorgeht, zuletzt 12.144 Personen den monatlichen Parteibeitrag von 10 H. Durchschnittlich auf die zwölf Monate des Berichtsjahres verteilt, dürfte aber eine bedeutend geringere Ziffer herauskommen.

Vereine. Ueber die Anzahl der gewerkschaftlichen Organisationen und ihrer Mitglieder fehlen genaue Daten. Ebenso wurde nicht berichtet über die Zahl der politischen Vereine.

Versammlungen. Es wurden 395 Volks- und 458 § 2-Versammlungen abgehalten. Zusammen 853 Versammlungen. Die Zahl der gewerkschaftlichen Versammlungen wurde nicht angegeben.

Presse. Als Landesparteiorgan erscheint in Graz das Tagblatt der „Arbeiterwille". Seine vorläufige Auflage ist gegenüber dem Vorjahre an Wochentagen um 2700, an Sonntagen um 3400 Exemplaren gestiegen. Das Blatt erscheint jetzt täglich in einem Umfang von wenigstens acht Seiten.

Politische Verfolgungen. Es kamen sehr wenig gerichtliche Verfolgungen vor. Im ganzen sieben Fälle, meist wegen der Uebertretung des Kolportageparagraphen. Im ganzen wurden Geldstrafen im Betrage von 163 Kr. und ein Tag Arrest verhängt.

Wahlen. In der Berichtsperiode wurde eine Reihe von großen Erfolgen errungen, auf welche die steiermärkische Parteiorganisation mit Recht stolz sein kann. Zuerst siegte die Partei im September 1904 bei den Landtagswahlen in der neugeschaffenen vierten Kurie. Es gelang, die beiden Genossen Resel in Graz und Schacherl in Leoben durchzubringen. Dann kam der prächtige Sieg bei den Grazer Gemeinderatswahlen am 15. November 1904, durch den unsere Fraktion im Grazer Gemeinderat auf vierzehn Mann unter 48 Gemeinderatsmitgliedern stieg. Und am 15. April siegte der Gen. Resel in der Stichwahl über den Klerikalen Schweiger bei der Reichsratswahl in dem Landgemeindebezirk Bruck-Leoben. Daß es möglich war, trotz des 8 Kr.-Zensus in diesem Wahlkreis zu siegen, ist der beste Beweis für die wackere Arbeit und die treffliche Organisation, die sich unsere steiermärkischen Genossen geschaffen haben.

Vertretung in den Gemeinden. In 19 Orten, gegen 14 des Vorjahres, sitzen zusammen 78 Sozialdemokraten in den Gemeindevertretungen, die sich auf folgende Orte verteilen: Graz (14), Aussee (1), Andritz (4), Aibl (2), Brunndorf bei Marburg (6), Donawitz bei Leoben (8), Eggenberg (2), Fohnsdorf (6), Ganz bei Mürzzuschlag (3), Köflach (1), Knittelfeld (5), Mürzzuschlag (1), Marburg (1), Puntigam (1), Pöls (2), St. Peter ob Leoben (6), Selzthal (2), St. Stephan (2), St. Lambrecht (1), Unzmarkt (1), Frauendorf (3).

Besondere Bemerkungen. An allen Aktionen der Gesamtpartei hat sich die steiermärkische Organisation selbstverständlich nach besten Kräften beteiligt und es wurde im Gefolge der niederösterreichischen reaktionären und Schulgesetze anschließend an die Einbringung der berüchtigten Kongruavorlage, welche dem nimmersatten Klerus ein neues Geschenk von rund 10,000.000 Kr. aus den Taschen der Steuerträger bringen soll, eine heftige und intensive Agitation gegen die Klerikalen durchgeführt. In unserem Lande, in dem, wie die Wahlstimmen der Landtagswahl zeigten, noch immer Zehntausende dem Banner der Schwarzen folgen, ist diese Aufklärungsarbeit besonders notwendig, und sie hat auch ihre Früchte getragen. Alles in allem war das Berichtsjahr eine Zeit unausgesetzter Erfolge für die Partei und berechtigt zur Erwartung neuer froher Erfolge in der Zukunft.

Tirol.

I. Tiroler Wahlkreis (Innsbruck). Gliederung. Der I. Tiroler Wahlkreis umfaßt die fünf Bezirksorganisationen Innsbruck, Landeck, Kufstein, Wörgl und Kitzbühel.

Häuserorganisation. Die Straßen- und Häuserorganisation ist in Innsbruck, Wörgl und Kufstein teilweise durchgeführt. Der monatliche Parteibeitrag beträgt 20 H. und wird im ganzen Wahlkreise diese Steuer leider nur von 900 Genossen entrichtet.

Vereine. Die Gewerkschaften haben im abgelaufenen Jahre um zirka 1000 Mitglieder zugenommen und gehören in Innsbruck in mehreren Brauchen 60 bis 90 Prozent der Berufsorganisation an. Nur bei den Textilarbeitern ist der Fortschritt ein sehr geringer. Daran ist hauptsächlich der Umstand schuld, daß in dieser Branche größtenteils einheimische Arbeiter, im Oberlande oft halbe Kleinbauernfamilien beschäftigt sind. Diese Leute sind durch ihren ohnehin oft sehr problematischen Familienbesitz äußerst konservativ, fühlen sich noch nicht als Proletarier, trotzdem sie häufig elender leben wie die anderen Arbeiter sonst, sind daher unserer Agitation sehr schwer zugänglich.

Versammlungen. Nach den vorliegenden, kaum vollständigen Berichten zählen wir 13 Volks-, 16 politische Vereins-, 372 anderweitige Vereins- und 480 § 2-Versammlungen. Zusammen 881 Versammlungen. 1 Versammlung wurde aufgelöst.

Presse. Die Volkszeitung, die ab 1. Juli in Innsbruck gedruckt wird, hat mit dem Wachsen der Gewerkschaften leider nicht Schritt gehalten. Die gegenwärtige Auflage beträgt 2200 Exemplare. Doch können wir, da in allen Parteiorten eifrig für die Verbreitung agitiert wird, ein konstantes Steigen der Auflage erhoffen.

Maifeier. Die Maifeier nahm in allen Parteiorten einen glänzenden Verlauf. In Innsbruck war die Arbeitsruhe eine nahezu vollständige. Mehr als 6000 Personen beteiligten sich an dem Umzuge, auch in Wörgl und anderen Parteiorten war die Zahl der Feiernden eine große.

Wahlen. Die Parteigenossen beteiligten sich an den Gemeinderatswahlen in Innsbruck und erhielten 150 bis 230 Stimmen gegen 500 bis 613 der Gegner im III. Wahlkörper. Wenn auch kein direkter Erfolg errungen wurde, so hat die Beteiligung doch sehr agitatorisch gewirkt. Bei den Bezirkskrankenkassenwahlen in Kufstein gelang es, unsere ganze Liste durchzubringen.

Besondere Bemerkungen. Während der Berichtszeit wurde besonders in Innsbruck auch eine intensive Agitation gegen den Bieraufschlag gemacht, die der Partei viele Anhänger brachte.

II. Tiroler Wahlkreis (Bozen). Gliederung. Die Organisation ist vornehmlich auf die drei Orte Bozen, Meran und Lienz und ihre nächste Umgebung beschränkt. Außer ihnen kann nicht viel geschehen, weil auch die Industrie nahezu vollkommen fehlt.

Häuserorganisation. Die Häuserorganisation ist noch nirgends durchgeführt. Der Parteibeitrag beträgt in Bozen und Meran 10 und 8 H.

Vereine. Ueber die Mitgliederzahl der Vereine liegen keine genauen Erhebungen vor. Es dürften über 1000 Personen organisiert sein.

Versammlungen. Nach den Berichten wurden 14 Volks-, 224 Vereins- und 97 § 2-Versammlungen abgehalten. Zusammen 335.

Maifeier. In Bozen und Meran war die Arbeitsruhe fast vollständig. In anderen Orten merkte man nicht viel von der Maifeier.

Wahlen waren unter der Berichtszeit nicht zu verzeichnen. Ebenso keine politischen Verfolgungen, mit Ausnahme einer Verurteilung nach § 23 des Preßgesetzes zu 5 Kr. Geldstrafe.

Besondere Bemerkungen. In Bozen wurde eine Bierpreiserhöhung um 4 H. per Liter durch einen fast sechs Monate währenden Boykott erfolgreich bekämpft. Das Bier wird jetzt wieder zum alten Preise geschenkt.

Vorarlberg.

Gliederung. Zur Zeit bestehen Lokalorganisationen in B l u d e n z, B r e g e n z, D o r n b i r n, F e l d k i r c h, H a r d, H o h e n e m s, L u s t e n a u und R a n k w e i l.

Häuserorganisation. Die Straßen= und Häuserorganisation ist nur in Dornbirn eingeführt und hat da ein Genosse 2 bis 3 Straßen zu versehen, und hat sich dies bisher ganz besonders zur Verbreitung der Presse bewährt. In Bregenz ist das Werkstättenvertrauensmännersystem eingeführt und zum Teile auch in einigen anderen Orten. 433 Personen leisten regelmäßige Beiträge für die politische Parteiorganisation. Die Beiträge belaufen sich per Person und Monat 20 H., wovon 2 H. Reichsparteisteuer, 8 H. Landesparteisteuer und 10 H. Lokalsteuer bestritten werden. In Dornbirn und Lustenau werden teilweise 30 H. bezahlt und wird der übrige Betrag für loko oder Sekretariatsfonds verwendet.

Vereine. Zur Partei gehörige Vereine, respektive Ortsgruppen oder Zahlstellen zählt Vorarlberg 25, mit einer Mitgliederzahl von 662. Außerdem besteht ein politischer Verein für Vorarlberg, der zirka 50 Mitglieder hat.

Versammlungen. Es wurden 4 politische Vereins=, 348 gewerkschaftliche, 116 politische § 2=Versammlungen, 91 § 2=Versammlungen der Branchenorganisationen und 16 Volksversammlungen abgehalten. Zusammen 571 Versammlungen. Verboten wurde eine Protestversammlung der Eisenbahner und eine Volksversammlung wurde aufgelöst.

Presse. Als Landesorgan gilt die in Innsbruck erscheinende „Volkszeitung".

Maifeier. Um eine Anzahl kleiner, unansehnlicher Maifeiern zu vermeiden, wurde laut Beschluß der Landeskonferenz in Bregenz eine Zentral=Maifeier für ganz Vorarlberg in Dornbirn abgehalten, woran sich zirka 200 Genossen beteiligten. Der Eindruck, den diese Maifeier hinterließ, war ein guter, zumal man hier die Sozialdemokratie schon ausgestorben wähnte.

Besondere Bemerkungen. Das Gewerkschaftsleben ist im ganzen Lande wieder etwas lebhafter und berechtigt zur Annahme, daß die Arbeiterbewegung quantitativ und qualitativ wieder vorwärts gehen wird, obwohl wir im allgemeinen immer noch ganz gewaltig unter dem Mißtrauen der uns Fernestehenden, ja sogar vieler Genossen zu leiden haben, welches uns einige leichtsinnige Funktionäre zurückgelassen haben. So geht es immer, wenn auch sehr langsam, vorwärts.

Bericht des Frauenreichscomités.

Das Frauenreichscomité hat im Berichtsjahr für 91 Versammlungen politischer und gewerkschaftlicher Natur Referentinnen zugewiesen. In die Provinz wurden Referentinnen entsendet nach Steiermark, Böhmen, Mähren, Schlesien, Käruten und Niederösterreich. Alle diese Versammlungen wurden von Wahlkreisen und Gewerkschaftsorganisationen veranstaltet.

Das Frauencomité selbst hat 8 Versammlungen über die Schulfrage arrangiert, 4 Versammlungen als Kundgebung für die ausgesperrten Tischler, 4 zur Besprechung der russischen Revolution, 6 Versammlungen über den Zolltarif und die Lebensmittelteuerung; 3 Frauenversammlungen haben sich mit der Fleischfrage befaßt. Die angeführte Versammlungstätigkeit ist nur ein Minimum von dem, was die Genossinnen leisten. Die Mitglieder des Comités sind außerdem in den Gewerkschaften und politischen Organisationen tätig und wirken in ihrer Branche agitatorisch und organisatorisch, was hier im Detail nicht angeführt werden kann.

Um die Zahl der agitatorisch tätigen Genossinnen zu vermehren, hat das Frauenreichscomité zu Beginn des laufenden Jahres einen Redeunterricht eingeführt, an dem sich 14 bis 20 Genossinnen beteiligt haben. Die Erfolge, die in diesem kurzen Zeitraum erzielt wurden, zeigen sich bei der Leitung der einzelnen Ortsgruppen der Heimarbeiterinnen. Eine Anzahl Genossinnen wurde befähigt, in selbständiger Weise die Ortsgruppen zu leiten und selbst agitatorische Reden zu halten. Auch organisatorisch wurden Erfolge erzielt.

Der sozialdemokratische Frauenverein ist eine Schöpfung der Genossinnen des II. Wiener Wahlkreises. Er befestigt seine Position immer mehr und die Berichte zeigen, daß er an Stärke zunimmt. Seine Tätigkeit ist eine politische, die Mitglieder erhalten die „Arbeiterinnen-Zeitung" obligatorisch.

Eine zweite, nicht unbedeutende Organisation ist der Zentralverein der Heimarbeiterinnen. Wenn auch kein politischer Verein, so ist sein Bestand für die proletarische Frauenbewegung doch von Bedeutung, da die Leiterinnen der Organisation Sozialdemokratinnen sind. Im Zentralvorstand sind zwei Mitglieder des Frauenreichscomités vertreten. Dem sozialdemokratischen Frauenverein gehört ein Mitglied des Frauenreichscomités an. Der Verein der Heimarbeiterinnen hat gegenwärtig in Wien sieben Ortsgruppen, in der Provinz fünf. Auch diese Organisation hat die „Arbeiterinnen-Zeitung" obligatorisch eingeführt.

In Korrespondenz ist das Frauencomité mit dem Agitationscomité in Mährisch-Schönberg, mit dem Arbeiterinnenverein in Bodenbach, mit den Frauensektionen in Aussig und Türmitz und mit einer größeren Anzahl Genossinnen, die bemüht sind, agitatorisch zu wirken. Die Fühlung mit den Wiener Genossinnen wird durch die Frauenplenarversammlung unterhalten, welche vier- bis fünfmal im Jahre zusammentritt und an der Delegierte der Gewerkschaften und Bildungsvereine teilnehmen.

Zur Reichskonferenz der Tabakarbeiterinnen und zum Unionstag der Textilarbeiter wurde delegiert. Delegierungen wurden ferner vorgenommen zur Frauenkonferenz in Bremen, zum Parteitag in Salzburg und zum Landesparteitag Niederösterreichs in Krems.

Einberufen wurde auch eine Konferenz der weiblichen Bediensteten der Wiener Konsumvereine, um diese zur Mitarbeit an der Organisation zu gewinnen, da bisher nur ein kleiner Teil in der sozialdemokratischen Frauenorganisation tätig ist.

Eine besondere Agitation wurde zur Verbreitung der „Arbeiterinnen=Zeitung" eingeleitet. Die Auflage dieses Agitationsblattes für Frauen beträgt jetzt 5000. Wir zweifeln nicht, daß sich die Auflage leicht verdoppeln läßt, wenn die Genossen mithelfen, der „Arbeiterinnen=Zeitung" bei jenen Proletarierinnen Eingang zu verschaffen, die bis jetzt gar keine Zeitung lesen.

Anschließend eine Uebersicht über die Einnahmen und Ausgaben für die Zeit von der Zweiten Frauenkonferenz im November 1903 bis zum 30. September 1905:

Einnahmen	Kr.	Ausgaben	Kr.
Kassastand am 4. November 1903	158·96	Kosten der Frauenkonferenz . .	179·64
Subventionen:		Delegationskosten für Versammlungen und Konferenzen . .	467·05
von der niederösterreichischen Landesparteivertretung . . .	634·80	Remuneration	50·—
von der Reichsparteivertretung	374·40	Postwertzeichen und Kanzleierfordernisse	124·27
von der Gewerkschaftskommission Oesterreichs	180·—	Drucksorten	21·60
Beitrag der Gewerkschaften und Vereine für die Frauenkonferenz	85·—	Redekurs und Plenarversammlungen	23·—
		Diverse Ausgaben	25·76
		Kassastand am 30. September 1905	541·84
Zusammen . .	1433·16	Zusammen . .	1433·16

Bericht der tschechoslavischen sozialdemokratischen Arbeiterpartei

für die Zeit vom 1. August 1903 bis 31. Juli 1905.

Die abgelaufenen zwei Jahre werden in der Geschichte des tschechischen Proletariats als die Zeit emsiger Arbeit an dem inneren Ausbau, an der Vertiefung und Erstarkung der tschechoslavischen sozialdemokratischen Partei erscheinen. Der beleidigte Hochmut des nationalen Bürgertums, welcher in den tschechischen privilegierten Klassen seit der Zeit einriß, da die Vertreter der tschechischen Arbeiterschaft gegen die feudale Parole des tschechischen Staatsrechtes sich selbstbewußt verwahrt haben, rächte sich dadurch, daß er die Unterdrückung der tschechoslavischen sozialdemokratischen Partei als heilige nationale Ehrenpflicht proklamierte.

Wenn nun die tschechische Arbeiterschaft, dem allgemeinen Ansturm zum Trotze, ihr Ansehen wahren, durch ihre Macht dem Feinde imponieren und ihm widerstehen wollte, dann blieb ihr nichts weiter übrig, als den Dornenweg der kleinen agitatorischen und organisatorischen Arbeit anzutreten. Schnell lichteten sich die Schatten der vergangenen, noch im Jahre 1903 empfindlich bemerkbaren wirtschaftlichen Krise und heute können wir stolz behaupten, daß das tschechische Proletariat sowohl qualitativ wie quantitativ gestärkt dasteht. Den untrüglichen Beweis dafür liefern die 613, ihre Pflicht der Partei gegenüber erfüllenden Organisationen, abgesehen von den neu konstituierten und den von Toten auferstandenen, welche zwar ihren Pflichten noch nicht nachgekommen sind, aber doch existieren und funktionieren. In ihrer vollen Macht standen uns die herrschenden Klassen gegenüber, ihnen zur Seite der ganze Justiz- und Verwaltungsapparat, die gesetzgebenden Körperschaften, alles bereit, uns unterzukriegen; es gelang ihnen auch, uns politisch beiseite zu schieben, uns auf dem parlamentarischen Kampfplatz fast zur Bedeutungslosigkeit herabzudrücken ..., und doch fürchten sie heute das tschechische Proletariat mehr denn je. Die Schutzwälle des privilegierten Bürgertums werden bedroht und die herrschenden Klassen werden immer mehr in Verteidigungsstellungen zurückgedrängt.

Die Hauptgefahr wittert das Bürgertum in unserer prinzipiellen Forderung des allgemeinen, gleichen, geheimen und direkten Wahlrechtes. Vor keiner Reichsratskampagne sowie auch vor keiner Landtagswahl in Böhmen und Mähren hat die tschechoslavische Sozialdemokratie unterlassen, die Erfüllung dieses politischen Minimums zu reklamieren, obwohl sie genau wußte, daß ihre Kräfte dazu nicht ausreichen, den privilegierten gesetzgebenden Körperschaften eine solche Verfassungsänderung abzuringen, welche den Bedürfnissen und den Wünschen der arbeitenden Bevölkerung vollauf entsprechen würde. Sie fühlte sich jedoch kräftig genug, jeden Mißbrauch der Wahlreform zunichte machen zu können. Darum hat auch die Absicht der Regierung, das Kuriensystem in beiden Landtagen durch Errichtung einer neuen allgemeinen Kurie zu stützen, den entschiedensten Widerspruch des tschechischen Proletariats hervorgerufen, welcher so intensiv war, daß man bereits versuchte, zur Abwehr des beabsichtigten Unrechtes einen politischen Streik zu inszenieren.

Sowohl in der Hauptstadt wie am Lande hat die tschechische Arbeiterschaft so stürmisch und so nachhaltig protestiert, daß das tschechische Bürgertum aus Furcht vor Verlust seiner Popularität mit der volkstümlichsten Forderung bereits zu kokettieren anfängt.

Dank den zerfahrenen nationalen Zuständen nimmt das unersättlich herrschsüchtige Bürgertum beider Nationen dem allgemeinen gleichen Wahlrecht gegenüber einen gänzlich verschiedenen Standpunkt ein. Daher die scheinbare Demokratie des tschechischen, die Fortschrittsfeindlichkeit des deutschen Bürgertums.

Es liegt nun in erster Linie an den sozialdemokratischen Abgeordneten und an der Wiener Arbeiterschaft, daß auch gleich mächtige Akkorde betreffs des Reichsrates ertönen; die übrige Arbeiterschaft kann in dem Falle nur den Resonanzboden abgeben. Noch ist es Zeit; die verhaßte gegenwärtig klerikal-feudale Regierung mit Gautsch und der Kamarilla an der Spitze hat an Widerwärtigkeit gewiß nicht so viel verloren, daß sich die Arbeiterschaft zum Protest gegen die rückschrittlichen Tendenzen und Taten nicht erwärmen könnte.

Diesem Kampfe darf weder eine Rücksicht auf die Gunst des Bürgertums noch auf die kommenden Wahlen hindernd im Wege stehen. Darin liegt ja das Geheimnis eines jeden politischen Erfolges, daß man beizeiten schon das ganze Interesse und die ganze Tätigkeit auf einen Punkt konzentriert. Diese Zeit ist nun gekommen. Die Prager Landeskonferenz der tschechischen und deutschen Arbeitervertreter vom 23. Juli d. J. erklärte den Kampf für die Forderung bezüglich der Landtage Böhmens und Mährens: das erste Treffen hat die tschechische Arbeiterschaft bereits mit Ehren bestanden, in Mähren wird soeben die im Vorjahre begonnene Aktion erneuert, die Reichskonferenz vom 22. September d. J. hat das Signal zum Beginn des Kampfes im ganzen Reiche für unsere Forderung in Bezug auf den Reichsrat gegeben — also auf zum Kampf! Das tschechische Proletariat ist zu den größten Opfern bereit.

Ueber dem Kampf um das Stück Brot und um ihre politischen Rechte hat die tschechische Arbeiterschaft auf ihre kulturellen Forderungen und Bedürfnisse nicht vergessen. Eine wichtige Rolle spielte dabei der Kampf um Errichtung tschechischer Schulen auf dem heißen Boden der andersnationalen Majoritäten.

In Uebereinstimmung mit dem Parteiprogramm setzt sich die tschechische Arbeiterschaft überall für die Errichtung solcher Volksschulen ein, welche es ermöglichen, den Nachwuchs in seiner Muttersprache zu unterrichten, weil sie dies für die erste Bedingung eines jeden Kulturfortschrittes anerkennt. Unsere Genossen in Wien haben für diese unsere Forderung einen harten Kampf mit den Regierungsorganen zu bestehen gehabt. Daß der Kampf resultatlos verlief, hat sie nicht verzagt gemacht; das bureaukratisch-zentralistische Oesterreich hat nur ein Schanddenkmal sich errichtet, es ist nur dargetan worden, eine wie schwierige Stellung die tschechischen Arbeiter in Wien einnehmen.

Trotz der schweren Stellung der tschechischen Arbeiter in dem sogenannten geschlossenen Gebiet kann man doch wenigstens zeitweilige Erfolge ihrer Tätigkeit in dieser Richtung vermerken; dankend sei hier konstatiert, daß die deutschen Genossen in Böhmen dem Bestrebungen der tschechischen Arbeiterschaft bereitwillig entgegenkommen.

Hand in Hand mit dem Wachsen der politischen Organisation ging der Ausbau der gewerkschaftlichen Bewegung. Es sei hier nur darauf verwiesen, daß ein reges Leben auch solche Brauchen erfaßte, welche bisher ziemlich gleichgültig und regungslos den Kämpfen um Verbesserung der Lebenslage der Arbeiter zusahen. Schließlich hat der Aufschwung der Organisationen auch zur Diskussion über die Form der Organisation selbst geführt. Vielleicht wird schon die nächste Zukunft eine zum Wohle der ganzen Bewegung gereichende Lösung dieser Frage bringen.

Heute erkennt die tschechische Arbeiterschaft klarer denn je vorher, daß die politische und gewerkschaftliche Organisation nur zwei Seiten einer und derselben Sache bilden. Nur die notwendige Rücksicht auf unser reaktionäres Vereinsgesetz hat zur Trennung der Organisation geführt. Diese den heutigen Verhältnissen entsprungene Notwendigkeit darf jedoch in keiner Weise den Zusammenhang und die Harmonie der beiden Fronten der Arbeiterbewegung lockern. Durch die Politik zur Stärkung der gewerkschaftlichen Bewegung, durch die gewerkschaftliche Tätigkeit wieder zur Erreichung von politischen Erfolgen! Dies muß jeder Parteiangehörige beherzigen und tatsächlich bricht sich diese Ueberzeugung in der tschechischen Arbeiterschaft siegreich Bahn.

Einen systematischen Kampf führte und führt die tschechische Arbeiterschaft gegen die Expansionsgelüste des Klerikalismus, der sich ja des Schutzes mächtiger Faktoren in diesem Staate erfreut und deren verderblichem Treiben die Mehrzahl des einflußreichen Bürgertums ruhig zusieht. Es nimmt nicht wunder, wenn der klerikale Wagemut zur direkten Räuberei ausartet, wie dies die unerhörte Mißwirtschaft in dem klerikalen Geldinstitut — der St. Wenzel-Sparkasse — in eklatantester Weise bezeugt. Die tschechische sozialdemokratische Arbeiterschaft wird den Kampf gegen den Klerikalismus, ihren Traditionen treu, mit aller Entschiedenheit weiter führen.

In allen Wahlaktionen, in welche unsere Partei mit eingegriffen hat, wurde ein ehrendes Resultat erzielt. Es seien hier vor allem die Wahlen in das Gewerbegericht von Böhmen und Mähren erwähnt, wobei wir alle unsere Positionen behauptet haben. Bei den Wahlen in die Unfallversicherungsanstalten für Böhmen und Mähren gewann unsere Partei je ein Mandat. Ebenso hat sich unsere Partei in einigen Fällen an den Ergänzungswahlen in den Reichsrat und in die beiden Landtage durch Aufstellung eigener Zählkandidaten in den privilegierten Kurien beteiligt und ganz respektable

Stimmenzahlen erreicht. In Hunderten von Fällen haben unsere Organisationen auch an den Gemeindewahlen teilgenommen und in vielen Orten gesiegt.

Die Partei war dank ihrer Kraft und ihrem Einfluß imstande, viele Lasten von der Arbeiterschaft abzuwälzen, welche man ihr, teils im Interesse einer Kräftigung der Reichs= oder Landesfinanzen, teils im Interesse des ausbeuterischen Kapitals, aufbürden wollte. An erster Stelle muß hier der systematische Kampf gegen die Lebensmittel= teuerung genannt werden, welcher an manchen Orten (insbesondere bei Fleisch=, Milch= und Brotteuerung) erfolgreich beendet wurde. Wie aus den Verhältnissen hervorgeht, muß der Kampf auch weiterhin mit voller Schärfe geführt werden, denn die Habgier der Oesterreich beherrschenden Großgrundbesitzer ist grenzenlos.

Der Erhöhung des Zolltarifs hat die Partei ebenfalls einen Widerstand entgegen= gesetzt. In Hunderten von Versammlungen und Volksmeetings wurde auf das ent= schiedenste gegen die neuerliche Ausbeutung des Volkes protestiert. Die österreichische Regierung und das bürgerliche Parlament hörte jedoch nicht auf die Stimme der Arbeiter, sie waren vollständig beherrscht von der Politik der adeligen Großgrundbesitzer.

Jahrelang hat die Arbeiterschaft aller Nationen Oesterreichs eine Reform der bisher geltenden gesetzlichen Bestimmungen bezüglich der Krankenunterstützung und Unfallversicherung der Arbeiter verlangt, nach Einführung der Alters= und Invaliditäts= versicherung, der Witwen= und Waisenversorgung gerufen. Endlich sollte dem Verlangen Rechnung getragen werden. Kurz, fast nur wenige Stunden vor seinem Rücktritte legte der gewesene Ministerpräsident Koerber seinen diesbezüglichen Antrag der Oeffentlichkeit vor. Schon die Form und die Verhältnisse, unter welchen das Projekt der Oeffentlichkeit vorgelegt wurde, waren angetan, auch in den Reihen der tschechischen Arbeiterschaft Zweifel an der ehrlichen Absicht des geschiedenen Premiers rege zu machen, und dieses Mißtrauen hat sich bei näherer Durchsicht des Programms als berechtigt erwiesen. Dr. Koerbers Anträge sind unvollständig. Die wichtigen Forderungen der Witwen= und Waisenversorgung sowie die Versicherung der land= und forstwirtschaftlichen Arbeiter= schaft sind gänzlich unbeachtet geblieben, man erkennt sofort, daß das Projekt hastig und in letzter Minute ausgearbeitet worden ist. Es sollte eben zur bestimmten Zeit fertig werden, damit es einem politischen Schachzug dienen köne, welcher alle die an der Arbeiterschaft von der zurücktretenden Regierung verübten Sünden — es floß ja auch Arbeiterblut unter ihrer Aera — verdecken sollte. Sowohl Fachleute in Sachen der Schutzgesetzgebung als auch der Krankenkassenkongreß haben fast einstimmig das ganze Projekt verworfen. Gewiß ein trauriges Zeugnis für die Sozialpolitik der öster= reichischen Regierungen.

Die großen Ereignisse in Rußland haben in der tschechischen Arbeiterschaft einen mächtigen Widerhall erweckt, so daß über 3200 Kr. für die russischen Revolutionäre aufgebracht und abgeführt wurden, eine mit Rücksicht auf die Verhältnisse unserer Arbeiterschaft gewiß ganz erhebliche Summe.

Das Aktionscomité unserer Partei war immer darauf bedacht, daß den Bezirks= konferenzen ein von ihm entsendeter Delegat beiwohne; ja sogar die Kreiskonferenzen und die Agitationsversammlungen in Oberösterreich sind vom Comité beschickt worden. An den verschiedenen ausländischen Kongressen beteiligte sich das Aktionscomité der tschechischen sozialdemokratischen Partei regelmäßig als Gast. Außerdem beteiligte sich das Comité auf dem internationalen Kongreß in Amsterdam als selbständige Einheit. In die Geschichte der Sozialdemokratie der ungarischen Reichshälfte griff die tschechische sozialdemokratische Partei ein, indem sie zum Ausbau einer selbständigen slovakischen sozialdemokratischen Partei ihre helfende Hand darbot.

Die Parteipresse nimmt einen erfreulichen Aufschwung und zählt heute folgende politische Zeitschriften:

	erscheint:
„Právo Lidu"	täglich
„Dělnické Listy"	„
„Rovnost"	3mal wöchentlich
„Nová Doba"	2 „ „
„Svoboda"	2 „ „
„Hlas Lidu"	1 „ „
„Duch Času"	1 „ „
„Zář"	1 „ „
„Nový Jihočeský Dělník"	1 „ „
„Severočeský Dělník"	1 „ „
„Naše Obrana"	1 „ „
„Východočeský Obzor"	1 „ „
„Stráž Pojizeří"	1 „ monatlich

Die gewerkſchaftliche Preſſe zählt folgende Zeitſchriften:

erſcheint:

„Kovodělník“ . . . . 1mal wöchentlich
„Veleslavín“ . . . . 1 „ „
„Dřevodělník“ . . . . 3 „ monatlich
„Železniční zřízenec“ . . . . 3 „ „
„Koželník“ . . . . 2 „ „
„Nový Knihařský Obzor“ . . . . 2 „ „
„Odborové Sdružení“ . . . . 1 „ „
„Obuvník“ 14tägig
„Oděvník“ . . . . 14 „
„Potravodělník“ . . . . 14 „
„Časopis Stavebních Dělníků“ . . . . 14 „
„Orgán obchodního pomocnictva“ . . . . 1mal monatlich
„Na Zdar“ . . . . 3 „
„Textilník“ . . . . 1mal wöchentlich
„Kamenodělník“ 14tägig
„Cihlářsné listy“ . . . . 14 „
„Věstník“ pro děln. v knihtisk. . . . . 1mal monatlich
„Odborný list děln. mal. a lak.“ . . . . 1 „ „
„Kloboučník“ . . . . 2 „ „
„Solidarita“ . . . . 2 „ „
„Hlinařský Dělník“ . . . . 2 „ „
„Litografia“ 14tägig
„Zájmy dopravních zřízenců“ . . . . 1mal monatlich
„Rukavičkář“ . . . . 1 „ „

Sonſtige Parteiblätter:

erſcheint:

„Akademie“, ſozialiſtiſche Revue . . . . 1mal monatlich
„Červánky“, antiklerikales Blatt . . . . 1 „ wöchentlich
„Rudé Květy“, belletriſtiſches Blatt . . . . . . 1 „ monatlich
„Rašple“, humoriſtiſches Blatt . . . . 1 „ „
„Ženský List“ 14tägig
„Tělocvičný Ruch“ . . . . 1mal monatlich
„Sborník Mládeže“ 14tägig

*

Außerdem hat das Preßcomité insgeſamt 294.500 Exemplare verſchiedener Schriften, Broſchüren, Kalender und ſonſtiger Druckſchriften herausgegeben, welche gewiß ein immenſes Stück Kulturarbeit unter dem Volke verrichtet haben.

. * *

Die Tätigkeit unſerer Organiſation in den letzten zwei Jahren erhellt ſich aus folgenden Daten. Es wurden veranſtaltet: 322 Volksmeetings, 3869 öffentliche Ver= ſammlungen, 1621 öffentliche Vorträge, 4626 Vereinsverſammlungen und Vorträge, 6237 vertrauliche Organiſationsverſammlungen und 3123 vertrauliche Agitations= verſammlungen.

Hiervon wurde die Abhaltung von 86 Verſammlungen und Meetings unterſagt, aufgelöſt wurden 39 Verſammlungen. Insgeſamt wurden **19.798** verſchiedene Ver= ſammlungen veranſtaltet.

Obige Ziffern geben Zeugnis von verſtändnisvoller Arbeit ſowie von großem Intereſſe nach allen Richtungen hin.

Verfolgt waren 929 Genoſſen und Genoſſinnen, von welchen 420 zur Haft von zuſammen 5 Jahren 8 Monaten und 6 Tagen und zu Geldſtrafen von insgeſamt 1642 Kr. verurteilt wurden.

Freigeſprochen wurden 509 Genoſſen und Genoſſinnen.

Aus dieſen paar Ziffern erſieht man, wie es um die Freiheit in Oeſterreich beſtellt iſt. Die Hauptrolle ſpielten dabei der § 23 des Preßgeſetzes, Uebertretungen des Koalitionsgeſetzes, die berüchtigten §§ 303, 312, 313, 314 des Strafgeſetzes, und die Anzahl unſerer verurteilten Genoſſen beweiſt, daß unſere Behörden noch lange kein Verſtändnis für die großen Ideen des Fortſchritts und der Aufklärung haben werden.

Es erübrigt noch, anzuführen daß die Zahl der Konfiskationen unſerer Partei= blätter 88 beträgt.

Diese Ziffern sind nicht vollständig, da sehr viele von unseren Organisationen die Fragebogen nicht rechtzeitig eingeschickt haben. Man kann behaupten, daß die Tätigkeit unserer Organisationen bei weitem größer und vielseitiger war, als in diesem Bericht angeführt werden kann.

Durch Einführung regelmäßiger Zahlung der Parteibeiträge — mit Hilfe der vom Aktionscomité herausgegebenen einheitlichen Marken und Legitimationen — wurde ein bedeutender Erfolg erreicht und die Finanzen der Partei ins Gleichgewicht gebracht.

Mit Sicherheit kann man annehmen, daß wir uns in nächster Zukunft auch in finanzieller Hinsicht den anderen Bruderparteien an die Seite werden stellen können.

Prag, den 16. Oktober 1905.

Für das Aktionscomité
der tschechoslavischen sozialdemokratischen Arbeiterpartei:

Anton Bruha,

Sekretär.

Bericht der italienischen Parteiexekutive.

Nachdem die Tätigkeit der küstenländischen und jene der südtirolischen Partei bisher ganz getrennt gewesen ist, muß darüber auch getrennt berichtet werden.

Die italienische Parteiorganisation an der Adria hatte nach dem Triester Generalstreik von 1902 einen großen Aufschwung genommen; es ist aber nicht möglich gewesen, alles, was kurz nach dem Generalstreik emporwuchs, auch zu konsolidieren. Die gewerkschaftliche Organisation, die beinahe allen Arbeiterkategorien zu ganz bedeutenden Siegen verholfen hatte, wurde von vielen Arbeitern nach der ersten Begeisterung im Stiche gelassen.

Die Partei hat zwar an Kraft und Bedeutung bedeutend zugenommen, nur nicht in dem Maße, welches jeder nach den großen Bewegungen vom Jahre 1902 sich vorgestellt hatte. Die wichtigste Errungenschaft jener heißen Kämpfe ist die erweiterte politische Freiheit, die man jetzt genießt. An innerer Festigkeit und an Mitgliederzahl hat die Partei nur so viel zugenommen, als auch sonst in ruhigen Zeiten durch die stetige Propaganda und durch die mühsame alltägige, oft undankbare Arbeit der Fall gewesen wäre. Es ist noch einmal dadurch bewiesen worden, daß nur dasjenige dem Proletariat wirklich zugute kommt, was es sich zu erkämpfen, aber auch sorgfältig und mühsam zu bewahren weiß; dies ist besonders das heißblütige italienische Proletariat beherzigen, welches einerseits sehr leicht zu den schönsten Taten zu bewegen, andererseits aber sehr schwer an eine kontinuierliche geduldsame Arbeit zu gewöhnen ist.

Sowohl in Triest als in Istrien wird die Sozialdemokratie immer mehr und mehr ein politischer Faktor, mit welchem die nationalen Parteien rechnen müssen, auch wenn es ihnen bisher gelungen ist, die Sozialdemokraten durch das allerschlechteste Wahlrecht beinahe von jeder Beteiligung an den Vertretungskörperschaften fernzuhalten. Im Görzischen, wo das politische Leben im allgemeinen sehr flau ist, und in Dalmatien, wo die Grundbedingungen einer starken Entwicklung fehlen, geht die Partei sehr langsam vorwärts.

Mit dem steten Wachsen der Partei werden auch die Gegner immer heftiger; die nationalen Parteien, die durch lange Zeit die Hoffnung nicht aufgeben wollten, die junge Sozialdemokratie hie und da zu ihren Zwecken ausbeuten zu können, mußten zur Einsicht kommen, daß die Kluft zwischen ihnen und der Partei des Klassenkampfes und des internationalen Bundes unüberbrückbar ist. Die Folge davon war selbstverständlich der Kampf mit allen Waffen, meistens aber mit unehrlichen und verborgenen, gegen die Partei der Arbeit. Das Pfaffentum und das antisemitische, schwarzgelbe Gesindel leisteten ihr möglichstes in Verleumdungen; sie versuchten auch, politische und gewerkschaftliche Arbeiterorganisationen ins Leben zu rufen und durch Untergebote unsere Genossenschaften vom Triester Hafen zu verdrängen; jedoch gingen diese gelben Syndikate nach wenigen Monaten schmählich zugrunde, nachdem sich die Partei sehr energisch zur Wehr gesetzt hatte. Die von Wien ausgehenden Versuche, in die bedeutendste Hafenstadt Oesterreichs den Antisemitismus und den Patriotismus zu verpflanzen, sind an dem Widerstande der Sozialdemokratie gescheitert.

An Propaganda wurde ziemlich viel geleistet; hervorragende Dienste leisteten die Vereine für soziale Wissenschaften (Circolo di Studi Sociali), die zuerst in Triest, dann in Pola, in Rovigno und in Görz gegründet wurden. Unser Triester wissenschaftlicher Verein organisiert schon seit Jahren ganze Kurse, in welchen die besten Genossen und Gelehrten aus Italien über die wichtigsten sozialen Fragen vortragen.

Die Parteipresse hat leider keine Fortschritte gemacht. In Triest erscheint dreimal in der Woche der „Lavoratore"; in Görz ist das Wochenblatt „Nuova Idea" eingegangen; in Pola ist „Il Proletario" wieder ins Leben gerufen worden, man hat ihm den Namen „La Terra d'Istria" beigegeben, und es ist den iftrianiſchen Genoſſen gelungen, das eingetauſchte und erweiterte Blatt in den Landgemeinden Iſtriens ziemlich zu verbreiten.

Die Preſſe iſt im Verhältnis zur Stärke der Partei ungenügend und kann den wachſenden Anforderungen durchaus nicht genügen.

Die Maifeier iſt in dieſen Ländern beinahe allgemein eingeführt; in Trieſt und in den Hauptorten ruht überhaupt die ganze Arbeit in der kleinen ſowie in der großen Induſtrie, im Kleinhandel ſowie im Hafen. In vielen Dörfern wird auch von den Feldarbeitern gefeiert, die am 1. Mai mit der roten Fahne, mit Muſik und mit den Tönen des Arbeiterliedes ihre Umzüge organiſieren.

In der Berichtsperiode kamen ſehr wenige Streiks vor; nach dem gewaltigen Sturme von 1902 mußte die Zeit der Ruhe eintreten. Die ungünſtige Lage der Induſtrie bot auch keine Möglichkeit, an Beſſerungen zu denken, denn die ganze Kraft mußte angewendet werden, um größere Uebel zu vermeiden.

Ein mißglückter großer Streit der Bauarbeiter, die vor zwei Jahren einen glänzenden Sieg davongetragen hatten, belehrte die Arbeiterſchaft, daß die Kämpfe immer ſchwieriger werden und daß man ſich ohne eine feſte Organiſation nicht mehr einlaſſen darf, weil die inzwiſchen auch klüger gewordenen Unternehmer nicht mehr im Sturme zu überwältigen ſind.

Die Organiſation der jugendlichen Arbeiter wurde in der letzten Zeit geſchaffen; ſie zählt fünf Gruppen und hat ſich gleich anfangs als ſehr rührig und ernſt erwieſen.

Die Konſumvereinsbewegung iſt in ihrem Anfange noch ganz klein, aber von modernem Geiſte erfüllt.

Die Partei ſteht noch immer im Kampfe, um die Krankenkaſſen, die beinahe überall in den Händen der politiſchen Behörde ſind, derſelben zu entreißen und geſetzliche Vertretungen einſetzen zu laſſen. Der Erfolg wird nicht lange ausbleiben.

Sozialdemokratiſche Gemeindevertreter ſind nur in Muggia bei Trieſt und in Pola gewählt worden. Ueberall iſt die Partei im Kampfe, um in den Gemeinden und Landtagen das allgemeine Wahlrecht zu erobern.

In Trieſt und in den größeren Ortſchaften hat die Partei immer ihre Pflicht getan, wenn es ſich gehandelt hat, die Stimme des Proletariats Oeſterreichs gegen die uns alle erdrückenden Regierungsſyſteme zu erheben. Allgemein und laut iſt auch bei uns der Ruf der Solidarität mit den ruſſiſchen Revolutionären ausgebrochen, ſobald uns die Kunde des vergeſſenen Proletarierblutes die Hoffnung der herannahenden Befreiung brachte.

Am 23. Jänner ſagte die Trieſter Arbeiterſchaft dem ruſſiſchen Generalkonſul in einer ſpontanen und plötzlichen Demonſtration, wie wir über den ruſſiſchen Abſolutismus denken.

In Trieſt mußte die ſozialdemokratiſche Arbeiterſchaft wiederholt auf die Straße, nicht um Unruhe zu ſtiften, ſondern um die Ordnung herzuſtellen und den guten Ruf der Stadt von der Roheit der ſchwarzgelben 20 Kreuzer-Demonſtranten zu ſchützen oder der nationalen Clique zu beweiſen, daß wir ausſchließliche Herren der Straße ſein wollen, bis ſie die Tore der Gemeinde und des Landtages den Arbeitern nicht mehr verſperrt halten wollen.

Von großer Bedeutung für uns war die am 21. und 22. Mai in Trieſt abgehaltene internationale Zuſammenkunft, die ihrem Zweck, den Chauvinismus und die Kriegsgelüſte der verſchiedenen Bourgeoiſien ins wahre Licht zu ſtellen und die Bande der proletariſchen Internationale immer feſter zu ſchließen, vollauf entſprochen hat.

Die öſterreichiſche Politik, das öſterreichiſche Wahlunrecht, das Privilegienparlament, die Herrſchaft des Pfaffentums und der Hof-Phantome erweckt unter dem italieniſchen Proletariat den größten Ekel gegen den ganzen Staat. Wenn die Leiter des öſterreichiſchen Staates bezahlt wären, um alles, was öſterreichiſch heißt, verhaßt zu machen, könnten ſie es nicht beſſer treffen. Sollte nicht bald eine Aenderung eintreten, ſo würden die italieniſchen Arbeiter ſehr gerne auch auf die fünfte Kurie verzichten und an dem betreffenden Wahltage anſtatt Stimmzettel abzugeben andere Stimmen hören laſſen.

Es iſt nicht auszuhalten; lange darf es nicht mehr dauern!

* * *

Die italieniſche Partei in Tirol hat eben eine lange Periode der inneren Kriſis abgeſchloſſen. Die Landeskonferenz des Jahres 1903 brachte heftige Auseinanderſetzungen, beſonders bezüglich des Tagblattes „Il Popolo"; die Folge davon war der Austritt mehrerer älterer Genoſſen aus der Partei. Die gewerkſchaftliche Organiſation hat auch unter den Zwiſtigkeiten zu leiden gehabt. Der innere Kampf drehte ſich mehr um Perſonen als um Meinungen; die politiſchen und gewerkſchaftlichen Organiſationen wurden geſchwächt; dieſe Mittel des proletariſchen Kampfes verloren an Wirkungskraft.

In der im Dezember 1904 abgehaltenen Konferenz wurde beſchloſſen, mit den Streitigkeiten ein Ende zu machen. Nach langen Verhandlungen gelang es endlich, den Frieden wieder herzuſtellen; nur wenige Genoſſen ſind infolgedeſſen aus der Partei ansgetreten.

Partei und Gewerkſchaften haben nun wieder die fruchtbringende Tätigkeit im Sinne des Klaſſenkampfes aufgenommen.

Nachdem die Partei zu ſchwach iſt, um in einem vorwiegend landwirtſchaftlichen Gebiete ein Tagblatt aufrecht zu erhalten, welches einen ausſchließlichen und ausgeſprochenen ſozialiſtiſchen Charakter hat, mußte ſie auf das Eigentum des Tagblattes „Il Popolo“ verzichten, welches ſomit Privateigentum des von der Partei ansgetretenen Dr. Battiſti bleibt. Als Organ der Partei wird das Wochenblatt „L'Avvenire del Lavoratore“ anerkannt, welches durch einige Zeit nicht erſcheinen wird, weil die ſozialiſtiſche Preſſe von allen Druckern boykottiert iſt.

Politiſche Verfolgungen gegen Perſonen oder gegen Organiſationen ſind in der Berichtsperiode nicht zu verzeichnen.

Am 1. Mai wurde in Trient, Rovereto, Riva und Arco gefeiert.

Im Herbſt 1903 wurden in Trient vier Genoſſen zuſammen mit den Demokraten in den Gemeinderat gewählt. Dieſe Gemeinderäte ſind aber unter denjenigen, die nun aus der Partei ansgetreten ſind.

In Rovereto ſiegten im Juli 1904 die Demokraten im Bunde mit unſeren Genoſſen gegen die Klerikalen; dadurch kamen vier Genoſſen in den Gemeinderat.

Die Krankenkaſſen ſind größtenteils von ſozialdemokratiſchen Majoritäten vertreten.

Das ökonomiſche Siechtum dieſes Landes dauert fort. Die Unzufriedenheit herrſcht in allen Klaſſen; nur fehlt eben ein zahlreiches klaſſenbewußtes Proletariat der Großinduſtrie, und auch unſere Hoffnungen wurzeln in der verheißenen Induſtrialiſierung des Landes, die ſich aus den neuen Bahnverbindungen und aus den großen elektriſchen Werken emporſchwingen ſollte.

Bericht der polnischen Parteiexekutive.

In den verflossenen zwei Jahren war unser Parteileben durch die revolutionären Ereignisse im Zarenreiche, und speziell in Russisch-Polen, stark beeinflußt. Wir erachteten es als unsere Pflicht, die Revolution materiell zu unterstützen und in erster Linie das Asylrecht für unsere Parteigenossen aus Russisch-Polen in Galizien zu wahren. Es gelang uns dies vollkommen. Durch unsere Presse und unzählige Versammlungen und Demonstrationen wußten wir die Sympathiestimmung für die Revolution aufrecht zu erhalten und zu steigern, trotzdem der Polenklub und die gesamte polnische reaktionäre Presse, besonders die nationalistische, in Galizien eine andauernde Verleumdungskampagne gegen unsere Parteigenossen in Russisch-Polen und deren revolutionäre Aktion angestrengt hat.

Angesichts der ernsten Sachlage, in welcher die tatkräftige Unterstützung der Revolution in Russisch-Polen unsere Pflicht war, hatte der IX. Parteitag der polnischen Sozialdemokratie Oesterreichs, der im Herbst 1904 in Krakau tagte, die Aufgabe, diese Frage praktisch zu lösen. Er erledigte dieselbe durch den Beschluß, das faktisch schon seit Jahren bestehende Bündnis unserer Partei mit der polnischen sozialistischen Partei Russisch-Polens (P. P. S.) zu sanktionieren.

In Ausführung dieses Beschlusses haben wir unseren Genossen in Russisch-Polen eine Reihe von Diensten geleistet sowie erfolgreiche Geldsammlungen zugunsten der revolutionären Aktion eingeleitet.

Unser Parteitag hat auch der Exekutive den Auftrag erteilt, gemäß der Amsterdamer Resolution über die sozialistische Einigkeit, mit den in Russisch-Polen wirkenden sozialistischen Parteien in Verhandlung zu treten, um eine Einigung derselben zu vermitteln. Leider hat nur die polnische sozialistische Partei (P. P. S.) auf unser Schreiben zustimmend geantwortet, während die anderen Gruppen sich ablehnend verhalten haben.

*   *   *

Die zweite Frage, welche unseren Krakauer Parteitag stark beschäftigte, waren die jüdisch-separatistischen Bestrebungen. Diese Tendenz, durch einen kleinen Teil der Delegierten jüdischer Konfession (14) vertreten, wurde von der überwiegenden Mehrheit des Parteitages verurteilt.

Einige junge jüdische Akademiker, welche in unserer Partei gewirkt haben, ließen jedoch trotz des Parteitagsbeschlusses von ihren Sonderbestrebungen nicht ab und proklamierten am 1. Mai 1905 — am Verbrüderungstage der Arbeiterschaft — die konfessionelle Spaltung der Partei: die Gründung einer „jüdischen sozialdemokratischen Partei". Nur wenige jüdische Arbeiter folgten ihnen, denn sie sahen die Schädlichkeit und das Reaktionäre einer konfessionellen Spaltung und wissen, daß unsere Partei die Interessen des jüdischen Proletariats voll und ganz vertritt, seinen speziellen Bedürfnissen durch Herausgabe eines Wochenblattes in jüdischer Jargonsprache, der „Jüdischen Arbeiterzeitung", durch mündliche Agitation in dieser Sprache und durch Schaffung jüdischer Agitationskommissionen seit Jahren Rechnung trägt.

Die Parteivertretung der polnischen Sozialdemokratie beschloß in ihrer Plenarsitzung vom 8. Mai 1905 einstimmig folgende Resolution in dieser Frage:

Die politischen und sozialen Interessen des inmitten der polnischen Bevölkerung Galiziens und Schlesiens zerstreuten jüdischen Proletariats sind mit den Interessen des polnischen Proletariats identisch.

Die aus der Verschiedenheit in Sprache und Sitte der jüdischen Arbeiterbevölkerung resultierenden teilweisen Unterschiede erfordern bloß Anpassung an gewisse Aenderungen der Organisations- und Agitationsformen, die im Rahmen

einer gemeinschaftlichen Partei Platz finden können. Es genügen hierzu Jargon-
blätter und Broschüren, Vereinsfilialen, lokale und Landesagitationscomités wie
auch mündliche Agitation im Jargon.

Vom Standpunkt der Interessen des jüdischen wie auch des polnischen Proletariats kann man sich mit der Tatsache der Absonderung des jüdischen Proletariats
auf den Gebieten gesellschaftlichen Lebens nicht einverstanden erklären, die weit
hinausläuft über die Grenzen gewöhnlicher nationaler Verschiedenheit, in religiösen
und Rassenkämpfen und Voreingenommenheiten ihre Basis findet und eine von der
herrschenden Klasse sorgfältig bewahrte und ausgenützte Hinterlassenschaft der feudalen
Epoche bildet. Im Gegensatz zu diesen Klassen verlangt das vitale Klasseninteresse
des Proletariats das innigste Zusammenwirken und Zusammenleben beider Teile
der Arbeiterbevölkerung des Landes unter Beseitigung alles dessen, was diesem Zusammenleben in den Weg treten könnte.

In Bezug auf die Judenfrage hat die sozialdemokratische Partei die Aufgabe,
die vollständige Gleichberechtigung der jüdischen Arbeiter durchzuführen, ihnen volle
Freiheit kultureller Entwicklung zu sichern, ohne ihnen die polnische Kultur auf-
zudrängen, aber auch ohne sie im vorhinein im Rahmen des Jargons einzuschließen
und ohne ihnen die Annäherung an die polnische Bevölkerung und Kultur zu er-
schweren.

Selbst die Anhänger einer besonderen jüdischen sozialdemokratischen Partei
erheben keine positiven jüdischen nationalen Forderungen und können es auch nicht
tun; dadurch aber benehmen sie einer solchen Partei jede reelle Existenzberechtigung
und machen aus ihr ein leeres Spiel der Formen. Der gesunde Instinkt würde
eben solche Forderungen direkt unmöglich machen.

Die Organisation der Sozialdemokratie in Oesterreich ist auf dem einstimmigen
Beschluß des Brünner Parteitages vom Jahre 1899 basiert. Im Sinne dieses
Programms „hat Oesterreich sich in einen Nationalitätenbundesstaat zu verwandeln"
und die sozialdemokratisch-nationalen Parteien haben als politische Organisationen
in den Grenzen dieser nationalen Gebiete die Gesamtheit der Interessen des Proletariats zu vertreten.

Auf Grund dieses Programms wirkt die Polnische sozialdemokratische Partei
in Oesterreich, sie sichert auch dem jüdischen Proletariat die volle Kraftentwicklung
im Kampfe um die politische Macht in Gemeinde, Land und Staat. Die Absonderung
der jüdischen Arbeiter als Partei würde sie mit unabwendbarer Notwendigkeit vom
Kampfe in den allgemeinen Landesfragen wegdrängen und sie zur politischen Ohn-
macht verurteilen.

Die Berufung auf taktische Rücksichten im Kampfe mit den Zionisten und
jüdischen Chauvinisten — deren politische Bedeutung und deren Einfluß auf die
Arbeiter man übrigens nicht unterschätzen darf — kann nicht als ernste Grundlage
zur Bildung einer jüdischen Partei dienen, denn nicht gestützt auf positive nationale
Forderungen, wäre sie nur eine der Sozialdemokratie unwürdige demagogische
Ausflucht. Hingegen würde sie den polnischen Antisemiten, Chauvinisten und Klerikalen
eine Waffe bieten, die die Möglichkeit des Zusammenwirkens zwischen Polen und
Juden bestreiten.

In keinem konstitutionellen Lande der Welt, in dem die jüdischen Arbeiter-
massen von der sozialistischen Klassenbewegung ergriffen sind (Amerika, England,
Holland, Oesterreich), sondert sich das jüdische Proletariat als besondere politische
Partei ab.

Aus allen diesen Gründen verurteilt die Parteivertretung jeden Versuch der
Begründung einer besonderen jüdischen sozialdemokratischen Partei als gleich
schädlich für das polnische und jüdische Proletariat; sie beschließt, diese Versuche mit
aller Energie zu bekämpfen, und fordert die jüdischen Arbeiter zu weiterer vereinter
Arbeit, zu gemeinschaftlichem Klassenkampf im Rahmen der gemeinsamen Partei
auf. Die Parteivertretung gibt ihrer festen Ueberzeugung Ausdruck, daß die momentan
gestörte Einheit in ihrer ganzen Kraft wiederkehren wird unter dem Zwange der
Lebensnotwendigkeiten.

Die Gesamtparteivertretung faßte in ihrer Sitzung vom 13. Mai 1905 folgenden
einstimmigen Beschluß:

Die Gesamtexekutive ist nicht in der Lage, die selbständige „Jüdische sozialdemokratische Partei Galiziens" anzuerkennen, weil sie unserem Brünner Programm
und der Organisation unserer Partei widerspricht; sie ist auch nicht in der Lage, der
Einladung zu einem Kongreß von Leuten zu folgen, die sich faktisch außerhalb der
Partei gestellt haben.

Die Gesamtexekutive nimmt weiter die Resolution der polnischen Exekutive
zustimmend zur Kenntnis und spricht die Hoffnung aus, daß die jüdischen Proletarier

Galiziens, in klarer Erkenntnis ihrer eigenen wahren politischen und ökonomischen Interessen, treu und fest wie bisher auf dem Boden der in hundert Kämpfen bewährten sozialdemokratischen und gewerkschaftlichen Organisation Schulter an Schulter mit ihren polnischen Genossen nach wie vor ihre Pflicht tun und daß sie sich den reaktionären und die Interessen des gesamten, insbesondere aber des jüdischen Proletariats schädigenden Bestrebungen der sogenannten „Jüdischen sozialdemokratischen Partei" entgegenstellen werden.

Die jüdischen Separatisten fügten sich nicht dem Beschluß der Gesamtparteivertretung, sondern setzten ihre Arbeit fort, welche in einer Verleumdungskampagne gegen unsere Partei sowie gegen die Personen verschiedener Parteigenossen besteht. In Krakau und in Tarnow griffen die Separatisten unsere Vertrauensleute mit Messern an. In Krakau traten sie einem Mitglied unserer Parteiexekutive in einer Gewerkschaftsversammlung mit dem Vorwurf entgegen, daß er als Jude am Samstag raucht und auf diese Weise die religiösen Gefühle des jüdischen Proletariats beleidigt. In Lemberg sprengten sie eine Wahlrechtsversammlung. In ihrem Blatt, das sie am 1. Oktober 1905 gründeten, erklärten sie, daß sie sich einem eventuellen Beschluß des Gesamtparteitages, der ihre Sonderbestrebungen verurteilen würde, nicht fügen werden.

Der Erfolg ihrer Agitation war ein ungemein geringer. Nur in wenigen Gewerkschaften von drei oder vier Parteiorten riefen sie eine Verwirrung oder Zersplitterung hervor. Die große Masse der jüdischen organisierten Arbeiterschaft hält treu zu unserer Partei, ohne sich von den zionistischen Anwandlungen einiger jungen Leute beirren zu lassen. Diese Episode blieb gänzlich ohne Folgen für die Entwicklung unserer Bewegung.

* * *

Jetzt steht unsere gesamte Bewegung im Zeichen des W a h l r e c h t s k a m p f e s. Solidarisch mit den Genossen in ganz Oesterreich veranstalten wir in allen Städten und Industrieorten unseres Landes unzählige Versammlungen und Demonstrationen für das allgemeine, gleiche, direkte und geheime Reichsrats- und Landtagswahlrecht.

* * *

Die Parteiorganisation machte bedeutende Fortschritte. Trotzdem aber sind die Finanzen der Exekutive noch sehr schwach; erst jetzt hoffen wir durch die vom Krakauer Parteitag beschlossene Parteisteuerreform die Kassegebarung der Exekutive zu bessern.

M a i f e i e r. Im Jahre 1904 hatten wir 41 Maiversammlungen, in welchen aus Anlaß des russisch-japanischen Krieges für die internationale Verbrüderung des Proletariats besonders Stellung genommen wurde.

Die Maifeier im Jahre 1905 gestaltete sich zu einer Kundgebung für die Revolution im Zarenreiche. Es wurden 42 Volks- und 3 § 2-Versammlungen abgehalten. In 20 Ortschaften wurden demonstrative Umzüge veranstaltet, wobei es in Tarnow zu einem Zusammenstoß mit der Polizei kam, wofür unsere Genossen zu 3 Monaten Arrest verurteilt wurden.

P a r t e i p r e s s e. Unser Tagblatt „Naprzód" ist in steter Entwicklung begriffen.

An Stelle der eingegangenen „Jüdischen Volkszeitung" in Lemberg geben wir seit März 1905 eine Jargonwochenschrift, die „Jüdische Arbeiter-Zeitung", in Krakau heraus.

In Lemberg erscheint schon das zweite Jahr ein Partei-Wochenblatt „Głos Robotniczy".

Die Wochenschrift „P r á v o l i d u" für die Landbevölkerung wird im Oktober 1905 nach einer einjährigen Pause aufs neue erscheinen, was eine Belebung der Agitation auf dem Lande mit sich bringen muß. — Die populär-wissenschaftliche Zeitschrift „Latarnia" erschien in den verflossenen zwei Jahren sechzehnmal zu je 5000 bis 7000 Exemplaren und es wurden zirka 100.000 Stück à 6 Heller kolportiert.

Außerdem wurden noch 7000 andere B r o s c h ü r e n verkauft. Der polnische Arbeiterkalender erscheint regelmäßig in je 4000 Exemplaren.

Das schlesische Parteiblatt „Robotnik Slaski" hat einen ungeheuren Aufschwung genommen.

Die Gemeindewahlen brachten in diesem Jahre unseren Kandidaten in Krakau 1048 von 2430 Stimmen, in Lemberg 1496 Stimmen. Wir haben jetzt je einen Genossen in den Gemeinderäten: in Lemberg und Krakau seit 1902, in Zwierzyniec seit 1904, in Gorlice seit 1905.

Die A g i t a t i o n betreffend Reform und Ausbau der A r b e i t e r v e r s i c h e r u n g führten wir im Anschluß an die Reichskommission der Krankenkassen in einer Reihe von Volksversammlungen.

Der Kampf um die Krankenkassen brachte uns weitere Siege in Stanislau, Drohobycz und Sambor. Am schwersten war der Kampf in Stanislau, wo der Sieg durch eine lange Reihe von Versammlungen, Demonstrationen, Prozessen und endlich durch das Blut des jungen Arbeiters Brückner, welcher von einer Gendarmenkugel fiel, errungen wurde. — In den übrigen Kassen dauert der Kampf weiter.

Gewerkschaftsbewegung. Die verflossenen zwei Jahre brachten den Gewerkschaften in Galizien neue Organisationsformen. Die Landesorganisation, welche vor vier Jahren in Przemysl beschlossen wurde, erwies sich als unentsprechend; man gründete hie und da Zahlstellen und Gruppen der Zentralverbände. Auf diese Weise hatten sie lokale, Landes= und Reichsorganisationen der einzelnen Gewerkschaften und noch außerdem allgemeine Gewerkschafts= und Bildungsvereine.

Die stets wachsende Bewegung forderte ordentliche und einheitliche Organisations= formen. Laut Beschluß unseres Parteikongresses vom Jahre 1904 (Krakau) wurde vom Exekutivcomité eine Gewerkschaftskonferenz einberufen (Przemysl, März 1905) und diese beschloß, einen einheitlichen Organisationstypus einzuführen, und erklärte die zentrale Organisation als die beste; die bildenden und allgemeinen Arbeitervereine sollen aufgelassen werden, ferner beschloß die Konferenz die Bildung des Landes= Gewerkschaftssekretariats und erklärte als notwendig die Gründung eines polnischen Gewerkschaftsorgans für diejenigen Branchen, welche bis heute kein eigenes Organ haben.

Der Gewerkschaftssekretär begann sofort eine tüchtige Agitation und diese ergab sehr schöne Resultate. Binnen sechs Monaten wurden 28 neue Ortsgruppen in 15 Ort= schaften gegründet und der Zuwachs der organisierten Mitglieder in dieser Zeit be= trägt zirka 2200. — Den größten Zuwachs haben wir bei den Metallarbeitern (sechs Gruppen und zirka 400 neue Mitglieder), weiters bei den Holzarbeitern. — Letzthin begann der Sekretär eine Aktion, um die in Bäckereien, Mühlen, chemischen Indu= strien und in den Sägewerken beschäftigten Arbeiter zu organisieren, da diese Industriebranchen bei uns kräftiger entwickelt sind. Das kulturelle Niveau der in diesen Branchen beschäftigten Arbeiter ist jedoch sehr niedrig und das beeinträchtigt die Organisationsarbeiten.

Die Gewerkschaftspresse repräsentieren heute: „Ognisko" (Buchdrucker), „Kolejarz" (Eisenbahner), „Górnik" (Bergarbeiter), „Robotnik krawiecki" (Kleidermacher), endlich „Głos robotniczy" (für die übrigen Branchen).

Streiks. Von den vielen Lohnbewegungen in der Berichtszeit endeten die meisten mit Erfolg.

Besonders erwähnt sei der imposante Massenstreik der Petroleum=Bergarbeiter= schaft in Boryslaw im Sommer 1904, welcher nach einmonatlicher Dauer durch Reformversprechungen seitens der Regierung beigelegt wurde. Die Ausbeuter von Boryslaw wollten jedoch an den Arbeitern Rache nehmen; ein gedungenes Subjekt denunzierte einige Arbeiter, daß sie während des Streiks Petroleumgruben angezündet haben; sechs Arbeiter und eine Arbeiterfrau wurden verhaftet und wegen Brand= legung angeklagt; die Staatsanwaltschaft forderte für dieselben Todesstrafe. Nach zwei mehrwöchentlichen Verhandlungen, zuerst in Sambor, dann in Stryj, wurden die Angeklagten von den Geschwornen mit 9 bis 12 Stimmen frei= gesprochen. Die Verteidigung führten glänzend die Genossen Dr. Heski, Dr. Maret und Dr. Liebermann.

Der große Bauarbeiterstreik in Lemberg im Sommer d. J. endete mit einem teilweisen, kleinen Erfolg für einen Teil der Streikenden.

Totenliste der Partei. Die Proletarierkrankheit raffte uns in diesen zwei Jahren vier hervorragende Kämpfer weg: Witold Reger, den feurigen Agitator und Bekämpfer des Militarismus, in Przemysl, Kasimir Moklowski, den populären Volksredner und hervorragenden Kunsthistoriker, in Lemberg, Romuald Chaberski, den Organisator der Metallarbeiter, in Krakau und Dr. Kasimir v. Kelles= Krauz, den namhaften marxistischen Soziologen. Ehre ihrem Angedenken!

Die Exekutive der polnischen Sozialdemokratie Oesterreichs.

Bericht

über die

parlamentarische Tätigkeit des Verbandes der sozialdemokratischen Abgeordneten

vom 23. September 1903 bis 8. Juli 1905

an den

Gesamtparteitag zu Wien 1905.

Bericht über die parlamentarische Tätigkeit des Verbandes der sozialdemokratischen Abgeordneten

vom 23. September 1903 bis 8. Juli 1905.

Auf dem 1903 in Wien abgehaltenen Gesamtparteitag wurde von dem sozialdemokratischen Verbande ein ausführlicher Bericht erstattet, der seine gesamte parlamentarische Tätigkeit vom Beginn der gegenwärtigen Legislaturperiode 1901 bis zum 25. Juni 1903 schilderte. Der ganze Jammer des österreichischen Parlamentarismus wurde in diesem Berichte aufgerollt.

Was wir von der Zeit des Herbstes 1903 bis zum Herbste 1905 zu berichten haben, gibt nur eine Fortsetzung der Schilderung der erbarmungswürdigen Macht- und Hilflosigkeit des österreichischen Parlaments, dessen gegenwärtiger Zustand wohl schon jeden urteilsfähigen Menschen in Oesterreich davon überzeugt hat, daß eine gründliche Umgestaltung dieses Vertretungskörpers eine nicht mehr abweisbare Notwendigkeit ist, und nicht nur uns Sozialdemokraten allein erscheint nunmehr die Einführung des allgemeinen, gleichen und direkten Wahlrechts als das einzige zweckdienliche Mittel der Reform dieses zermürbten Parlaments.

Sessionsabschnitt vom 23. bis 26. September 1903.

Trotz den ernsten abmahnenden Worten der sozialdemokratischen Abgeordneten hatte das Abgeordnetenhaus in der Frühjahrssession 1903 mit schimpflicher Eile das von der Regierung vorgelegte Rekrutierungsgesetz angenommen. Die Regierung hat sich nicht mit dem bisherigen Kontingent begnügt, sondern eine beträchtliche Erhöhung des Rekrutenkontingents gefordert. Obwohl nach der allgemeinen politischen Lage für das Abgeordnetenhaus keinerlei Nötigung vorlag, in geradezu unanständiger Weise zu hasten, da zumal nicht vorauszusehen war, daß Ungarn vor dem Herbste das Gesetz verabschieden werde, wurde das Regierungsvorlage angenommen. Zum Glück hatte der Abgeordnete Dr. Chiari in das Gesetz die Bestimmung hineingebracht, daß es nur dann in Wirksamkeit treten könne, wenn in Ungarn ein gleichlautendes Gesetz angenommen worden sei. In Ungarn aber herrschte die Obstruktion. So mußte sich Herr Dr. v. Koerber entschließen, das Haus im Herbste zu einer kurzen Session einzuberufen, in der nichts anderes beraten wurde als ein neues Rekrutierungsgesetz, das ohne Chiarische Klausel, aber auch ohne Erhöhung der Rekrutenziffer für das stehende Heer angenommen wurde. So hatte sich die Regierung eine empfindliche Blamage zugezogen.

Sessionsabschnitt vom 17. November bis 12. Dezember 1903.

In diesem Sessionsabschnitte wurde zu Anfang der Staatsvoranschlag für 1904 vorgelegt. Die übrige Zeit wurde ausgefüllt mit einer Debatte über eine von Dottor Koerber abgegebene Regierungserklärung und von Dringlichkeitsanträgen, von denen nur zwei von sachlich aktueller Bedeutung waren. Der eine betraf die Aufhebung des § 14. Gen. Pernerstorfer präzisierte dabei den Standpunkt unserer Partei. Der zweite, von Fort eingebrachte, hatte das allgemeine, gleiche und direkte Wahlrecht zum Gegenstand. In der Debatte ergriff namens des Verbandes Gen. Dr. Ellenbogen das Wort, um in einer großen und wirksamen Rede die sozialdemokratischen Argumente für das allgemeine, gleiche und direkte Wahlrecht darzulegen, wobei er es auch nicht unterließ, die Frage der nationalen Autonomie eingehend zu erörtern.

Sessionsabschnitt vom 8. bis 22. März 1904.

Dieser Sessionsabschnitt sowie der

Bericht zum Parteitag.

Sessionsabschnitt vom 19. April bis 10. Mai 1904

waren fast vollständig den Verhandlungen von Dringlichkeitsanträgen gewidmet, die nur zu Obstruktionszwecken gestellt waren. Wir können sie ruhig übergehen.

Sessionsabschnitt vom 17. November bis 9. Dezember 1904.

Sofort in der ersten Sitzung vom 17. November gab Herr v. Koerber eine Erklärung ab, die sich in der Hauptsache mit den Ereignissen in Innsbruck (die Errichtung und Demolierung der italienischen Rechtsfakultät) beschäftigte.

Ueber die Rede des Ministerpräsidenten wurde auf Antrag des Abgeordneten Malfatti die Debatte beschlossen. Diese Debatte füllte als einziger Verhandlungsgegenstand sämtliche 11 Plenarsitzungen der Herbstsession aus. In dieser Debatte ergriff Gen. Pernerstorfer zweimal das Wort.

Am 9. Dezember erfolgte die Vertagung des Hauses, nachdem die Regierung in einer Sitzung des Budgetausschusses mit ihrer Notstandsvorlage in der Minorität geblieben war.

Herr Dr. v. Koerber war regierungsmüde geworden. Nach dem eklatanten Mißtrauensvotum, das er im Budgetausschuß erhalten hatte, war er entschlossen, seine Demission zu geben. Sie wurde ihm gewährt, wie ausdrücklich bemerkt werden soll, in wenig gnädiger Weise.

Der neue Ministerpräsident Freiherr v. Gautsch brachte auch einige neue Männer ins Kabinett. Er selbst behielt sich nur das Präsidium vor, das Ministerium des Innern übergab er dem bisherigen Statthalter von Oberösterreich Arthur Grafen Bylandt-Rheidt, zum Leiter des Justizministeriums wurde Dr. Franz Klein bestellt.

Sessionsabschnitt vom 24. Jänner bis 13. Mai 1905.

In der ersten Sitzung ergriff Herr v. Gautsch als Ministerpräsident das Wort zu einer längeren programmatischen Erklärung. — Ein Antrag des Abgeordneten Choc, über die Regierungserklärung die Debatte zu eröffnen, wurde abgelehnt.

In den beiden folgenden Sitzungen befaßte sich das Haus mit tschechisch-radikalen Dringlichkeitsanträgen, die zu Zwecken der Obstruktion eingebracht worden waren.

Im Anschluß hieran gelangte ein Dringlichkeitsantrag des Abgeordneten v. Walewski, betreffend die Wahl eines 36gliedrigen Ausschusses zur Untersuchung von gegen Walewski erhobenen Vorwürfen, zur Verhandlung und Annahme.

Hierauf begann noch in der dritten Sitzung die Verhandlung über die — vom Budgetausschuß abgeänderte — Notstandsvorlage, die in den folgenden vier Sitzungen vom 27., 30., 31. Jänner und 1. Februar fortgesetzt und beendigt wurde.

Nebstdem gelangte am 27. Jänner ein Dringlichkeitsantrag des Abgeordneten Pacak 2c., betreffend die Revision der Geleise auf sämtlichen Staats- und Privatbahnen (veranlaßt durch Eisenbahnunfälle) zur Verhandlung und Annahme.

Ferner: am 31. Jänner ein Dringlichkeitsantrag Berger, betreffend den Tod des Kooperators Petran, und ein Dringlichkeitsantrag Starzynski, betreffend eine Immunitätsangelegenheit, zur Verhandlung.

Die Dringlichkeit wurde bei dem Antrage Berger abgelehnt, bei dem Antrage Starzynski angenommen.

In der Sitzung vom 1. Februar gelangte auch eine größere Anzahl von Berichten des Immunitätsausschusses zur Erledigung.

In der Sitzung vom 6. Februar verhandelte das Haus zuerst über den Dringlichkeitsantrag Daszynski, Pernerstorfer, Hybes, betreffend die Versammlungsverbote in Galizien und die Uebergriffe der Staatspolizei in Krakau (Ablehnung der Dringlichkeit), und begann hierauf mit der ersten Lesung des Rekrutenkontingents, die in der neunten und zehnten Sitzung vom 7. und 8. Februar fortgesetzt und beendigt wurde.

In der Sitzung vom 8. Februar wurden außerdem einige kleine Vorlagen des Justizausschusses und eine kleine Vorlage des Gebührenausschusses erledigt.

In der Sitzung vom 9. Februar begann die erste Lesung des Staatsvoranschlages für 1905, die in der Sitzung vom 10., 14., 15. und 16. Februar fortgesetzt und beendigt wurde.

In der Sitzung vom 10. Februar gelangte außerdem (im Wege der Dringlichkeit) eine kleinere Vorlage des Steuerausschusses und ein Dringlichkeitsantrag Dr. Stojan, betreffend die Regelung der Kongrua, zur Erledigung und Annahme.

Am 16. Februar begann ferner die Verhandlung über die Regierungsvorlage, betreffend die Aufnahme eines Anlehens zur Ergänzung der Kassenbestände, die in der folgenden Sitzung vom 17. Februar fortgesetzt und angenommen wurde.

In der Sitzung vom 21. Februar wurde mit der zweiten Lesung des Rekrutenkontingents begonnen. Sie wurde in der 18. und 19. Sitzung vom 22. und 23. Februar fortgesetzt und erledigt.

Am 22. Februar wurde nebstdem ein Dringlichkeitsantrag Berger, betreffend die Verbesserung der Lage der Posthilfsbeamten, verhandelt und angenommen.

Am 23. Februar begann ferner die Verhandlung über die Abänderung und Ergänzung der Gewerbeordnung (erste Lesung einer diesbezüglichen Regierungsvorlage), die am 28. Februar fortgesetzt wurde.

In der 21. Sitzung vom 3. März gelangte der Dringlichkeitsantrag Schuhmeier und Seitz, betreffend die Einsetzung eines 36gliedrigen Untersuchungsausschusses zur Erhebung der Zustände in den österreichischen Garnisonsspitälern, zur Verhandlung. Die Dringlichkeit des Antrages wurde abgelehnt.

In der 22. und 23. Sitzung vom 9. und 11. März wurde die erste Lesung, betreffend die Reform der Gewerbeordnung, fortgesetzt und zu Ende geführt.

In der Sitzung vom 14. März begann die erste Lesung auf Einsetzung des sogenannten „Derschatta-Ausschusses", betreffend das Verhältnis zwischen Oesterreich und Ungarn. Die Verhandlung hierüber wurde in der 25. und 26. Sitzung vom 17. und 21. März fortgesetzt und zu Ende geführt.

Außerdem erledigte das Haus in diesen beiden Sitzungen je eine kleine Vorlage des Justiz- und des Eisenbahnausschusses.

Die Sitzung vom 24. März war der Erledigung einer Reihe von Immunitätsfällen gewidmet.

In der Sitzung vom 27. März begann die Verhandlung über den Bericht des Zuckersteuerausschusses, betreffend das Verbot der Rübenrayonierung. Die Debatte wurde in den Sitzungen vom 28. März und 3. und 4. April fortgesetzt und beendigt.

Außerdem erledigte das Haus am 3. April eine kleine Vorlage des Budgetausschusses — betreffend die Veräußerung von Staatseigentum — und am 4. April einen Dringlichkeitsantrag Dr. Pattai, Schwegel, betreffend das Gesetz wegen neuerlicher Inkraftsetzung der Anordnung des Gesetzes über Bahnen niederer Ordnung.

In der Sitzung vom 4. April begann ferner die Verhandlung über den Bericht des Wehrausschusses, betreffend den Militärvorspann im Frieden. Die Verhandlung hierüber wurde in den Sitzungen vom 10. und 11. April fortgesetzt und beendigt.

Am 10. April stand auch der Dringlichkeitsantrag Daszynski, Pernerstorfer, Hybeš, betreffend den Bau der Wasserstraßen, in Verhandlung, die mit Ablehnung der Dringlichkeit des Antrages endete.

Am 11. April erledigte das Haus auch eine kleine Vorlage des Steuerausschusses.

Am 3. Mai begann die zweite Lesung des autonomen österreichischungarischen Zolltarifes und in Verbindung damit auch die Debatte über den Bericht des Zollausschusses, über den Antrag Pešta, betreffend die Vieh- und Fleischeinfuhr aus Rußland und den Balkanstaaten. Die Verhandlung wurde fortgesetzt und zu Ende geführt in den Sitzungen vom 4., 5., 6., 10., 11. und 12. Mai.

Am 3. Mai erledigte das Haus auch einen Dringlichkeitsantrag des Abgeordneten Malik, betreffend die Vorlage des Aktenmaterials in der Angelegenheit des Kapellmeisters Feix in Ungvár.

In der letzten Sitzung der Session erledigte das Haus den Bericht des Gewerbeausschusses über den Beschluß des Herrenhauses, betreffend den Hausierhandel, ferner den Bericht des Wehrausschusses über den Militärvorspann im Frieden (zweite und dritte Lesung) und die erste Lesung über die Regierungsvorlage, betreffend die Errichtung einer italienischen Rechtsfakultät in Roveroto.

Insgesamt haben in dieser Session 41 Sitzungen des Hauses stattgefunden.

In die Debatten während dieses Sessionsabschnittes griffen in bedeutsamer Weise von unserem Verbande folgende Genossen ein: D a s z y n s k i (Versammlungs= verbote, Wasserstraßen), E l b e r s ch (Gewerbeordnung), E l l e n b o g e n (Verschatta= Ausschuß, Rübenrayonierung, Hausierhandel, Universität Rovereto), H a n n i ch (Kongrua, Zolltarif), H y b e s (Zolltarif), R e s e l (Zolltarif), R i e g e r (Budget), S ch u ß m e i e r (Fall Petran, Rekrutenkontingent, Zolltarif, Garnisonsspitäler), S e i ß (Zolltarif).

Während dieser ganzen Zeit wurde hinter den Kulissen von seiten des Minister= präsidenten v. Gautsch fleißig gearbeitet. Es galt für ihn, die Deutschen und Tschechen zu beruhigen. Das hauptsächlichste Mittel schien ihm das Versprechen der Parlamen= tarisierung des Kabinetts zu sein.

Sessionsabschnitt vom 17. Juni bis 8. Juli 1905.

In der Sitzung vom 14. J u n i begann die Verhandlung über die K o n g r u a= v o r l a g e (erste Lesung), die in den Sitzungen vom 15. u n d 16. Juni fortgesetzt und beendet wurde.

In der ersten Sitzung gelangte außerdem ein D r i n g l i ch k e i t s a n t r a g des Abgeordneten P r a s e k, betreffend den A n k a u f v o n G r u n d s t ü ck e n von seiten des M i l i t ä r ä r a r s, zur Verhandlung. (Ablehnung der Dringlichkeit.)

In der dritten Sitzung vom 16. J u n i begann ferner die Verhandlung über L o k a l b a h n v o r l a g e n, die in der vierten Sitzung vom 19. Juni fortgesetzt und beendigt wurde.

In der Sitzung vom 20. J u n i fand vor allem die Debatte über den D r i n g= l i ch k e i t s a n t r a g W o h l m e i e r, betreffend den „Ueberfall" auf den Abgeordneten Scheicher, statt (Annahme der Dringlichkeit), welcher die Verhandlung über zwei Be= richte des I m m u n i t ä t s a u s s ch u s s e s folgte.

In der Sitzung vom 20. J u n i begann auch die e r s t e L e s u n g d e s B u d g e t p r o v i s o r i u m s, die in der sechsten und siebenten Sitzung vom 21. und 23. J u n i fortgesetzt und beendigt wurde.

In der Sitzung vom 21. J u n i wurde auch die M i ß b i l l i g u n g s a f f ä r e H o l a n s k y contra E l b e r s ch erledigt, und in der Sitzung vom 23. Juni die Ver= handlung über einen Dringlichkeitsantrag Schönerer, betreffend „die Aufhebung der Gemeinsamkeit mit Ungarn", begonnen, welch letztere in der achten Sitzung vom 26. Juni mit der A b l e h n u n g der Dringlichkeit endete.

In der Sitzung vom 26. J u n i wurde auch über einen D r i n g l i ch k e i t s= a n t r a g D a s z y n s k i, betreffend die B e h a n d l u n g r u s s i s ch e r F l ü ch t= l i n g e i n O e s t e r r e i ch, verhandelt. (A n n a h m e des Antrages.)

In derselben Sitzung begann die z w e i t e L e s u n g des B u d g e t p r o v i= s o r i u m s, die in der neunten Sitzung vom 28. J u n i fortgesetzt und beendet wurde.

In der zehnten Sitzung vom 28. J u n i wurde die e r s t e L e s u n g d e s H a n d e l s v e r t r a g e s m i t D e u t s ch l a n d durchgeführt und über einen Bericht des Gebühren= und Tierseuchenausschusses (kleinere Vorlagen) ver= handelt.

In der elften Sitzung vom 4. J u l i gelangte zuerst ein D r i n g l i ch k e i t s= a n t r a g des Abgeordneten v. P l a ch e t, betreffend die P e r m a n e n z e r k l ä r u n g d e s G e w e r b e a u s s ch u s s e s, zur Verhandlung. Die Dringlichkeit wurde a n e r= kannt und der Antrag selbst a n g e n o m m e n. — In derselben Sitzung wurde auch über einen D r i n g l i ch k e i t s a n t r a g S ch ö n e r e r, betreffend die T r e n= n u n g d e r z w e i R e i ch s h ä l f t e n, verhandelt. Die Dringlichkeit wurde a b g e= l e h n t. — Erledigt wurden ferner noch einige Berichte des I m m u n i t ä t s a u s= s ch u s s e s und ein Bericht des J u s t i z a u s s ch u s s e s über einen Beschluß des Herrenhauses, betreffend das Gesetz über fundierte B a n k s ch u l d v e r s ch r e i b u n g e n. Begonnen wurde die Verhandlung über einen Bericht des S t e u e r a u s s ch u s s e s, betreffend die Abänderung der Gebäudesteuergesetze.

In der zwölften Sitzung vom 5. J u l i wurde die Verhandlung über den letzt= erwähnten Bericht des S t e u e r a u s s ch u s s e s erledigt, desgleichen ein zweiter Be= richt des Steuerausschusses, ebenfalls die Gebäudesteuer betreffend. — Ferner ein Be= richt des S o z i a l p o l i t i s ch e n Ausschusses über den Beschluß des Herrenhauses, betreffend die R e g e l u n g d e r S o n n= u n d F e i e r t a g s r u h e im Gewerbe= betriebe (H a n d e l s g e w e r b e).

In der Sitzung vom 6. J u l i gelangte der H a n d e l s v e r t r a g m i t D e u t s ch l a n d und in Verbindung damit das Gesetz, womit die Regierung ermäch= tigt wird, die Handels= und Verkehrsbeziehungen mit der S ch w e i z und mit B u l= g a r i e n provisorisch zu regeln, in z w e i t e r und d r i t t e r Lesung zur Erledigung. Verhandelt und erledigt wurde ferner ein Bericht des J u s t i z a u s s ch u s s e s über einen Beschluß des Herrenhauses, betreffend den V e r w a l t u n g s g e r i ch t s h o f, dann ein Dringlichkeitsantrag des Abgeordneten Udrzal, betreffend die Erhöhung des Meliorationsfonds, und ein Dringlichkeitsantrag des Abgeordneten Choc, betreffend den Sprachengebrauch bei den gerichtlichen und Verwaltungsbehörden in Schlesien. Die Dringlichkeit wurde bei beiden Anträgen abgelehnt. — In dieser Sitzung versuchten die Tschechischradikalen durch massenhafte „Dringlichkeitsanträge" — angeblich über 200 — respektive durch deren Verlesung den Handelsvertrag mit Deutschland zu obstruieren. Der Versuch scheiterte an dem Widerstand des Präsidenten, der die Fortsetzung der Verlesung der „Dringlichkeitsanträge" mit der Motivierung sistierte, daß er die Anträge erst auf ihren Inhalt überprüfen müsse.

In der Sitzung vom 7. Juli begann die Verhandlung über den Bericht des Eisenbahnausschusses, betreffend die Ueberschreitung der Baukredite bei den Alpenbahnen u. f. w., die in der folgenden (letzten) Sitzung vom 8. Juli in zweiter und dritter Lesung zu Ende geführt wurde.

In der Schlußsitzung vom 8. Juli gelangten ferner zur Erledigung: ein Bericht des Eisenbahnausschusses, betreffend die Verstaatlichung der Pinzgauer Lokalbahn, zwei Berichte des Immunitätsausschusses, je ein Bericht des Notstands- und Petitionsausschusses, ein Dringlichkeitsantrag des Abgeordneten Klofač, betreffend die zunehmende Teuerung der Lebensmittel, ein Dringlichkeitsantrag des Abgeordneten Stein, betreffend die eventuell notwendige Einberufung des Parlaments (wegen der Vorgänge in Ungarn), und ein Dringlichkeitsantrag des Abgeordneten Schreiter, betreffend den Neubau der Leitmeritzer Reichsbrücke über die Elbe. Dem Antrag Klofač wurde die dringliche Verhandlung verweigert, den Anträgen Stein und Schreiter die Dringlichkeit zuerkannt und die Anträge bei der meritorischen Verhandlung angenommen. — In der Sitzung erfolgte auch die Wahl eines achtzehngliedrigen Permanenzausschusses, betreffend die Reform der Gewerbeordnung.

Von unseren Genossen beteiligten sich an den Debatten in längeren Ausführungen: Daszynski (Behandlung russischer Flüchtlinge in Ungarn), Elderfch (Permanenzerklärung des Gewerbeausschusses), Ellenbogen (Lokalbahnen, Deutscher Handelsvertrag), Hannich (Budget), Pernerstorfer (Trennung der zwei Reichshälften), Resel (Aufhebung der Gemeinsamkeit mit Ungarn), Schuhmeier (Kongrua, Ueberfall Scheicher).

In diesen Berichtsabschnitt fällt der Sturz des Eisenbahnministers v. Wittek, dessen finanzielle Wirtschaft, die sich in maßlosen Kreditüberschreitungen manifestierte, endlich seinen Sturz herbeiführte. Wittek war immer einer der erbittertsten und tückischesten Feinde der Arbeiterschaft. Unserem Genossen Dr. Ellenbogen gebührt die besondere Anerkennung der Partei dafür, daß er durch sein geschicktes und sachkundiges Eintreten gegen Wittek im Eisenbahnausschuß wesentlich dazu beigetragen hat, Wittek im Parlament und in der öffentlichen Meinung zu diskreditieren.

Bezüglich der in der Zeit vom 23. September 1903 bis 22. März 1904 vom Verbande eingebrachten Anträge, Interpellationen und Petitionen verweisen wir auf die Angaben, die im Protokoll des Deutschen Parteitages von Salzburg 1904, Seite 69 bis 72, enthalten sind.

In der Zeit vom 17. November 1904 bis 8. Juli 1905 sind folgende Dringlichkeitsanträge von seiten der Mitglieder des Sozialdemokratischen Verbandes eingebracht worden:

Hannich, betreffend den Notstand in den politischen Bezirken Reichenberg, Friedland, Gabel, Böhmisch-Leipa, Tetschen, Rumburg und Schluckenau. (Ueberreicht am 17. November.)

Schuhmeier, Daszynski, betreffend die Pläne der Militärverwaltung bezüglich Artilleriebewaffnung der Landwehr. (Ueberreicht am 19. November. Nicht zur Debatte gekommen.)

Daszynski, Pernerstorfer, Hybeš, betreffend die Versammlungsverbote in Galizien und die Uebergriffe der Staatspolizei in Krakau am 2. Februar 1905. (Verhandelt am 6. Februar. Dringlichkeit abgelehnt.)

Schuhmeier und Seitz, betreffend die Einsetzung eines 36gliedrigen Ausschusses zur Erhebung der Zustände in den t. und k. Garnisonsspitälern der diesseitigen Reichshälfte. (Verhandelt am 3. März. Dringlichkeit abgelehnt.)

Daszynski, Pernerstorfer, Hybeš, betreffend den Bau der im Gesetze vom 11. Juni 1901 angeführten Wasserstraßen. (Verhandelt am 10. April. Dringlichkeit abgelehnt.)

Daszynski, betreffend die Behandlung russischer Flüchtlinge in Oesterreich. (Verhandelt am 26. Juni. Die Dringlichkeit des Antrages wurde anerkannt und der Antrag bei der meritorischen Abstimmung angenommen.)

Einfache **Anträge** wurden in der Berichtszeit folgende eingebracht:

Pernerstorfer, betreffend die Erlassung eines neuen Organisations= und Dienststatuts für die österreichische Finanzwache. (Eingebracht am 26. Jänner. Dieser Antrag wurde dem Budgetausschuß zugewiesen.)

Pernerstorfer und **Ellenbogen,** betreffend die Lage der Justizdiener. (Eingebracht am 6. Februar.)

Immunitätsfälle, die unsere Genossen betreffen, sind folgende zu verzeichnen: **Elders**ch (Bezirksgericht Trautenau). Das Auslieferungsbegehren — wegen Ehrenbeleidigung — gelangte im Plenum des Hauses am 24. März 1905 zur Verhandlung. Die vom Gen. **Elders**ch selbst gewünschte Auslieferung wurde beschlossen.

Daszynski, wegen Verbrechens der öffentlichen Gewalttätigkeit nach § 99 St.=G. und wegen Vergehens nach § 305 St.=G.; in diesem Falle wurde die Auslieferung **abgelehnt.** (Haussitzung vom 1. Februar.)

Daszynski, wegen Ehrenbeleidigung. Dem Auslieferungsbegehren wurde in der Sitzung vom 24. März 1905 stattgegeben.

Interpellationen wurden in der Berichtszeit 201 eingebracht, von denen wir folgende herausheben:

An die Gesamtregierung und an den Ministerpräsidenten.

Daszynski, betreffend die Auflösung von Versammlungen in Galizien wegen Besprechung der Ereignisse in Rußland. (Eingebracht am 30. Jänner.)

Daszynski, betreffend die Einmischung preußischer Polizeibeamten in die inneren Angelegenheiten Oesterreichs. (Eingebracht am 3. März.)

Pernerstorfer, Daszynski, Hybeš, betreffend die im Schwurgerichtsprozeß „Guttmann contra Zeit" zur Sprache gebrachte Verleihung von Titeln, Orden und sonstigen staatlichen Auszeichnungen. (Eingebracht am 10. Mai.)

An den Minister des Innern.

Ellenbogen, betreffend einen Fall von Hausfriedensbruch durch die Wiener Polizei. (Eingebracht am 17. November.)

Hybeš, betreffend das Vorgehen des Prager Magistrats gegen die Gehilfen=krankenkasse der Schuhmacher in Prag. (Eingebracht am 24. November.)

Daszynski, betreffend die Beteiligung des Bezirkshauptmannes von Podgorze an wucherischen Geschäftsunternehmungen. (Eingebracht am 24. November.)

Daszynski, betreffend die Ausweisung russischer Flüchtlinge. (Eingebracht am 16. Juni.)

Hybeš, betreffend die Zustände bei der Arbeiter=Unfallversicherungsanstalt für Mähren und Schlesien in Brünn. (Eingebracht am 16. Juni.)

Hybeš, betreffend die Handhabung des Versammlungsrechtes seitens der politischen Behörde in Brünn. (Eingebracht am 16. Juni.)

Hannich, betreffend das Vorgehen der Polizei in Reichenberg gegen die Streikposten der durch die Reichenberger Baumeister ausgesperrten Arbeiter. (Eingebracht am 4. Juli.)

An den Justizminister.

Daszynski, betreffend die Konfiskation des „Naprzod" in Krakau. (Eingebracht am 1. Februar.)

Daszynski, betreffend die Konfiskation des „Naprzod" in Krakau. (Eingebracht am 16. Februar.)

Hybeš, betreffend die Konfiskation der „Rovnost" in Brünn. (Eingebracht am 17. Februar.)

Hybeš, betreffend die Konfiskation des „Zář". (Eingebracht am 3. März.)

Hybeš, betreffend die Konfiskation des „Hlas lidn" in Proßnitz. (Eingebracht am 9. März.)

Rieger, betreffend die Konfiskation des „Volkswille" in Falkenau a. d. Eger. (Eingebracht am 9. März.)

Pernerstorfer, betreffend die Konfiskation der „Freiheit" in Teplitz. (Eingebracht am 9. März.)

Seitz, betreffend die Handhabung der Geschäftsordnung für die Gerichte bei Protokollartlagen armer Parteien. (Eingebracht am 11. März.)

Hybeš, betreffend die Konfiskation der tschechischen Maifestschrift in Prag. (Eingebracht am 17. März.)

Hybeš, betreffend die Konfiskation der „Nová doba" in Pilsen. (Eingebracht am 21. März.)

Ellenbogen, betreffend die Konfiskation der „Pravda". (Eingebracht am 21. März.)

Daszynski, betreffend die Behandlung der Untersuchungshäftlinge. (Eingebracht am 24. März.)

Ellenbogen, betreffend die Konfiskation einer sozialdemokratischen ruthenischen Proklamation. (Eingebracht am 10. April.)

Daszynski, betreffend die Konfiskation der Festschrift zum 1. Mai in Krakau. (Eingebracht am 10. April.)

Daszynski, betreffend die Konfiskation des „Naprzod" in Krakau. (Eingebracht am 10. April.)

Daszynski, betreffend die Konfiskation einer Ansichtskarte in Krakau. (Eingebracht am 11. April.)

Schuhmeier, betreffend die Ausweisung streikender Arbeiter. (Eingebracht am 10. Mai.)

Ellenbogen, betreffend die Konfiskation eines Aufrufes. (Eingebracht am 13. Mai.)

An die Minister des Innern und der Justiz.

Ellenbogen, betreffend die Untersuchung der bei den Personaleinkommensteuerwahlen im IX. Wiener Gemeindebezirk vorgekommenen Wahlfälschungen. (Eingebracht am 16. Februar.)

An die Minister des Innern und des Handels.

Hybeš, betreffend die Nichteinhaltung der Sonntagsruhe seitens der Dampfmühle J. O. Halbmayer in Pilsen. (Eingebracht am 14. März.)

Schuhmeier, betreffend die Behandlung der Heimarbeiter der Musikinstrumentenindustrie in Schönbach durch die dortige Berufsgenossenschaft und die Bezirkshauptmannschaft in Eger. (Eingebracht am 21. März.)

An die Minister des Innern und der Landesverteidigung.

Rieger, betreffend das Vorgehen der Gendarmerie gegen die Arbeiter anläßlich eines Streiks bei der Firma Schmeck & Komp. in Brüsau. (Eingebracht am 10. Februar.)

An die Minister des Innern und des Ackerbaues.

Cingr, betreffend die Sanierung der Bruderlade für die fürstlich Schwarzenbergschen Bergbaue in Böhmen. (Eingebracht am 21. März.)

An den Justizminister.

Pernerstorfer, betreffend die Konfiskation der „Volkspresse". (Eingebracht am 14. Juni.)

Hybeš, betreffend die Konfiskation des „Nový Jihočeský Dělník" in Budweis. (Eingebracht am 15. Juni.)

Daszynski, betreffend die Konfiskation einer Broschüre mit dem Titel „Arbeitersache". (Eingebracht am 21. Juni.)

Hybeš, betreffend die Konfiskation der „Rovnost". (Eingebracht am 28. Juni.)

Hybeš, betreffend eine Zeitungskonfiskation durch die Bezirkshauptmannschaft in Pardubitz. (Eingebracht am 6. Juli.)

Daszynski, betreffend eine Konfiskation in Krakau. (Eingebracht am 6. Juli.)

An den Minister des Innern und den Ackerbauminister.

Resel, betreffend die Gefährdung und Verwüstung bäuerlichen Besitzes der Gemeinde Gößl am Grundlsee durch aus ärarischem Grunde entspringende Wildbäche. (Eingebracht am 19. Juni.)

Rieger, Cingr, betreffend die Grubenkatastrophe in Polnisch-Ostrau. (Eingebracht am 6. Juli.)

An die Gesamtregierung und den Eisenbahnminister.

Ellenbogen, Resel, betreffend die Katastrophe im Bosrucktunnel. (Eingebracht am 14. Juni.)

An den Finanzminister.

Seitz, Schuhmeier, Pernerstorfer, betreffend die Verbesserung der Lohn- und Arbeitsverhältnisse der Finanzwachmannschaft. (Eingebracht am 22. November.)

Pernerstorfer, betreffend die Verbesserung der Lage der Münzarbeiter. (Eingebracht am 23. November.)

Pernerstorfer, betreffend die Reorganisierung der Finanzwache. (Eingebracht am 13. Mai.)

Hybeš, betreffend die ärztliche Untersuchung der sich um Arbeit bewerbenden Arbeiterinnen in der Tabakfabrik in Göding. (Eingebracht am 16. Juni.)

Resel, betreffend die Erfüllung der Wünsche der alpenländischen Salinenarbeiter. (Eingebracht am 19. Juni.)

Resel, Elbersch, betreffend die Regelung der Lohn- und Dienstverhältnisse der in Tabakfabriken beschäftigten Professionisten. (Eingebracht am 5. Juli.)

An den Finanz- und den Eisenbahnminister.

Ellenbogen, betreffend die Insertion des Finanzministeriums und der Staatsbahnen in den Zeitungen. (Eingebracht am 2. Dezember.)

An den Unterrichtsminister.

Seitz, betreffend die Heranziehung der niederösterreichischen Pfarrgeistlichkeit für Zwecke der christlich-sozialen Partei. (Eingebracht am 10. Mai.)

An die Minister für Justiz und Unterricht.

Schuhmeier, betreffend die Verweigerung der Ausfolgung der nachgelassenen Schriften des verstorbenen Priesters Petran seitens des Kreisgerichtes in Wels. (Eingebracht am 21. Juni.)

An den Handelsminister.

Elbersch, betreffend die Regelung der Arbeitszeit in den ununterbrochenen Betrieben. (Eingebracht am 2. Dezember.)

Ellenbogen, betreffend die Einführung der Sonntagsruhe im Handelsgewerbe. (Eingebracht am 9. Dezember.)

Hannich, betreffend die Nichteinberufung einer Gehilfenversammlung der Bauarbeiter. (Eingebracht am 9. Dezember.)

Ellenbogen, betreffend das Verbot des Hausierhandels mit Blumen in Wien. (Eingebracht am 14. März.)

Ellenbogen, betreffend die Sonntagsruhe im Handelsgewerbe. (Eingebracht am 21. März.)

Ellenbogen, betreffend die Sonntagsruhe der Blumenbindergehilfen. (Eingebracht am 27. März.)

Ellenbogen, betreffend die Verstaatlichung des Poststalldienstes und die Regelung des Ernennungsmodus der Postillone. (Eingebracht am 28. Juni.)

Ellenbogen, betreffend die Nichteinhaltung der Sonntagsruhe im Speditionsgewerbe. (Eingebracht am 8. Juli.)

An den Eisenbahn- und den Handelsminister.

Ellenbogen, betreffend die Fertigstellung der im Bereiche der Stationen Triest-St. Andrea geplanten Anlagen. (Eingebracht am 5. Juli.)

An den Eisenbahnminister.

Hybeš, betreffend die Lage der Lokomotivarbeiter. (Eingebracht am 24. November.)

Ellenbogen, betreffend die Kaiser Ferdinands-Nordbahn. (Eingebracht am 2. Dezember.)

Ellenbogen, betreffend die Verfolgung von Staatsbahnbediensteten wegen ihrer politischen Gesinnung. (Eingebracht am 27. Jänner.)

Ellenbogen, betreffend das Vorgehen der Staatseisenbahndirektion in Linz gegen zwei Lokomotivführer. (Eingebracht am 31. Jänner.)

Ellenbogen, betreffend die Entlassung von Arbeitern aus dem Staatsbetriebe. (Eingebracht am 15. Februar.)

Ellenbogen, betreffend die Dienstverhältnisse der Oberbauarbeiter der Staatsbahnen. (Eingebracht am 22. Februar.)

Ellenbogen, betreffend die Dienst- und materiellen Verhältnisse der Stationsexpedienten und verwandter Dienstkategorien. (Eingebracht am 23. Februar.)

Ellenbogen, betreffend die Dienstverhältnisse der Angestellten der Südbahn. (Eingebracht am 21. März.)

Ellenbogen, betreffend die Verfolgung des Eisenbahnbediensteten Henzl wegen seiner politischen Gesinnung. (Eingebracht am 4. Mai.)

Ellenbogen, betreffend das Vorgehen des Inspektors Gaßmann in Bregenz gegen die sozialdemokratischen Eisenbahnbediensteten. (Eingebracht am 5. Mai.)

Ellenbogen, betreffend das Verhalten des Staatsbahndirektors Messerklinger gegenüber den ihm untergeordneten Beamten. (Eingebracht am 10. Mai.)

Ellenbogen, betreffend das Verhalten des Betriebsdirektors v. Kuttig und des Inspektors Kremser der Nordbahn. (Eingebracht am 10. Mai.)

Hybes, betreffend die Dienst= und Lohnverhältnisse der Arbeiter in den Staats= eisenbahnwerkstätten in Pilsen. (Eingebracht am 14. Juni.)

Ellenbogen, betreffend die Verbesserung der Lage der Bediensteten im Staatsbahndirektionsbezirk Linz. (Eingebracht am 16. Juni.)

Daszynski, betreffend die Entlassung eines Kondukteurs in Podgorze. (Ein= gebracht am 16. Juni.)

Daszynski, betreffend die Erhöhung des Quartiergeldes der Bediensteten der Staatsbahnen in Galizien und der Bukowina. (Eingebracht am 16. Juni.)

Ellenbogen, betreffend das Verhalten der Generalinspektion der Eisen= bahnen gegen einen Lokomotivführer. (Eingebracht am 4. Juli.)

Daszynski, betreffend Verfolgungen der organisierten Eisenbahner durch die Staatsbahndirektion Stanislau. (Eingebracht am 6. Juli.)

Ellenbogen, betreffend die Lage der Kohlenarbeiter der Staatsbahnen. (Eingebracht am 8. Juli.)

An den Minister für Landesverteidigung.

Elbersch, betreffend eine Soldatenmißhandlung in Brünn. (Eingebracht am 30. Jänner.)

Hybes, betreffend den Selbstmord des Dragoners Eckel beim 15. Dragoner= regiment in Göding. (Eingebracht am 10. Februar.)

Hybes, betreffend die Behandlung der Dragoner beim 7. Dragonerregiment in Lyssa durch den Leutnant Blanka. (Eingebracht am 17. Februar.)

Hybes, betreffend die fortgesetzte Mißhandlung von Dragonern in Lyssa. (Eingebracht am 23. Februar.)

Ellenbogen, betreffend die Mißhandlung des Rekruten Karl Pelos. (Einge= bracht am 28. Februar.)

Ellenbogen, betreffend Soldatenmißhandlungen in Pola. (Eingebracht am 3. März.)

Hybes, betreffend die Ableistung der Frühjahrswaffenübungen durch die Reservisten in ihren Aufenthaltsorten, respektive Aufenthaltsbezirken. (Eingebracht am 3. März.)

Schuhmeier, betreffend das Vorgehen der Militärbehörden gegen den Reservezugsführer Josef Dollinger wegen Ueberschreitung der Meldevorschriften. (Ein= gebracht am 21. März.)

Cingr, betreffend das Vorgehen des Leutnants Kolenaty gegen die Mann= schaft der 3. Kompagnie des 21. Infanterieregiments in Kuttenberg. (Eingebracht am 24. März.)

Seitz, betreffend die Behandlung der Mannschaft durch den Kommandanten der 1. Kompagnie des Pionierbataillons Nr. 5 in Krems. (Eingebracht am 4. April.)

Ellenbogen, betreffend Maßregelungen von Arbeitern im Marinearsenal zu Pola. (Eingebracht am 23. Juni.)

An den Ackerbauminister.

Cingr, betreffend das Schiedsgericht der Bruderlade in Mährisch=Ostrau. (Ein= gebracht am 24. Jänner.)

Cingr, betreffend das Vorgehen der Bergbehörden in Elbogen bei Durch= führung der Arbeiterschutzgesetze. (Eingebracht am 30. Jänner.)

Hybes, betreffend das Vorgehen der Bruderlade in Miröschau gegen die Bergarbeiter. (Eingebracht am 10. April.)

Resel, betreffend das Vorgehen des Bruderladenschiedsgerichtes des Revier= bergamtes Wels gegen einen Bergarbeiter. (Eingebracht am 16. Juni.)

Cingr, betreffend das Vorgehen des Platzmeisters Hradil auf dem Albrecht= schachte in Peterswalde. (Eingebracht am 27. Juni.)

Hannich, betreffend die Verteilung der Notstandsgelder in der Gemeinde Pelkowitz in Böhmen. (Eingebracht am 5. Juli.)

Cingr, betreffend einen Provisionsanspruch bei der Bruderlade der Ostrauer Bergbauaktiengesellschaft. (Eingebracht am 6. Juli.)

Cingr, betreffend eine Erhöhung der Provisionen für die Witwen und Waisen der anläßlich des Unglücks in Polnisch=Ostrau am 4. Juli 1905 ums Leben gekom= menen Bergarbeiter. (Eingebracht am 8. Juli.)

Cingr, betreffend die Dienstordnung für die Bergarbeiter im Ostrau=Karwiner Revier. (Eingebracht am 8. Juli.)

Außerdem wurden von den Mitgliedern des Verbandes in der Berichtszeit sechs **Petitionen** eingereicht.

Sessionsabschnitt vom 26. September bis 6. Oktober 1905.

In der letzten Sommertagung des Abgeordnetenhauses hatte der Ministerpräsident wiederholt das Versprechen gegeben, falls die ungarischen Verhältnisse irgendwie eine Entscheidung des österreichischen Reichsrates notwendig machen sollten, sofort wieder das Abgeordnetenhaus einzuberufen. Nun hatte sich bis Mitte September in Ungarn zwar nichts ereignet, das dieses österreichische Parlament mitsamt der Regierung zu irgend einer Willensäußerung hätte veranlassen können. Dennoch berief Herr v. Gautsch das Abgeordnetenhaus zu einer Tagung für den 26. September ein. Aber wohl war etwas geschehen, was die sozialdemokratische Partei Oesterreichs zu ganz entschiedenen Aeußerungen veranlaßt hatte. Es war bekannt geworden, daß der österreichische Ministerpräsident in einem gemeinsamen Kronrat sich gegen das Fejervarysche Programm des allgemeinen Wahlrechtes ausgesprochen habe, und zwar mit der Begründung, daß die Einführung des allgemeinen Wahlrechtes in Ungarn auch notwendig die Frage des allgemeinen Wahlrechtes in Oesterreich unmittelbar auf die Tagesordnung setzen müsse. Der heftigen außerparlamentarischen Bewegung unserer Partei gegen Gautsch gab der sozialdemokratische Verband in der ersten Sitzung des Abgeordnetenhauses durch einen Dringlichkeitsantrag Ausdruck, durch den Herrn v. Gautsch das schärfste Mißtrauen ausgesprochen werden sollte. Vorerst hielt der Ministerpräsident, der bei seinem Erscheinen im Hanse von den sozialdemokratischen Abgeordneten mit einer Flut von eben nicht schmeichelhaften Zurufen empfangen worden war, eine politische Rede über die „Lage". An dieser Rede, in der er auch seine Haltung im Kronrate zu beschönigen suchte, übten die sozialdemokratischen Abgeordneten schon durch häufige Zwischenrufe die schärfste Kritik. In der hierauf eröffneten Debatte vertrat Abgeordneter Pernerstorfer den Standpunkt der Partei. Die Erklärungsdebatte füllte die Sitzungen vom 26., 27., 29. September, 2., 3. und 4. Oktober vollständig aus und erstreckte sich noch in die Sitzung des 5. Oktober. Aber inzwischen hatte die Wahlrechtsbewegung sozusagen auch in das Haus ihren Einzug gehalten. Von sechs Parteien waren Dringlichkeitsanträge auf Einführung des allgemeinen Wahlrechtes eingebracht worden. Den vom sozialdemokratischen Verband vorgelegten begründete Genosse Daszynski in ausgezeichneter Weise. Zwar wurde die Dringlichkeit aller gestellten Anträge, für deren Annahme die qualifizierte Zweidrittelmehrheit erforderlich gewesen wäre, abgelehnt, aber immerhin ergab das Abstimmungsresultat 155 Stimmen für und nur 114 Stimmen gegen die Dringlichkeit. So hatte die einfache Mehrheit des Hauses sich doch für die Dringlichkeit der Anträge erklärt. Von den abwesenden 156 Mitgliedern des Hauses hat sich gewiß ein bedeutender Teil der Abstimmung aus Schamgefühl enthalten. Vielleicht bedarf es nur eines hinlänglich starken Druckes von außen, um dieses Schamgefühl noch zu läutern.

In diesem kurzen Sessionsabschnitte wurden außer den beiden Dringlichkeitsanträgen:

Pernerstorfer, Daszynski, Hybes, betreffend ein Mißtrauensvotum gegen Gautsch;

Daszynski, Pernerstorfer, Hybes, betreffend das allgemeine, gleiche und direkte Wahlrecht

keine weiteren Anträge eingebracht.

Interpellationen wurden 20 eingebracht, von denen erwähnt werden sollen:

Cingr an den Leiter des Justizministeriums wegen Konfiskation der Kladnoer „Svoboda";

Elbersch an den Leiter des Justizministeriums wegen Konfiskation des Aussiger „Volksrechts";

Ellenbogen an den Minister des Innern wegen der Praxis der niederösterreichischen Statthalterei bei Wahlrechtsreklamationen;

Hybes an den Minister des Innern wegen des Verbotes einer Volksversammlung in Beneschau;

Resel an den Leiter des Justizministeriums wegen der Konfiskation einer Flugschrift gegen die Kongruavorlage.

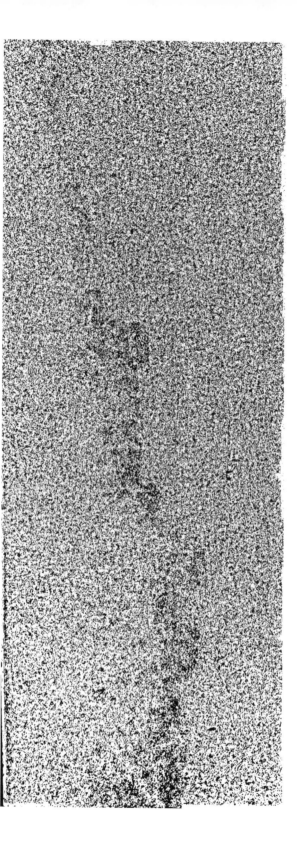

Lightning Source UK Ltd.
Milton Keynes UK
UKHW010804211118
332624UK00007B/165/P